George Sand

我毕生的故事

乔治·桑自传

[法] 乔治·桑 著
甘露 译

江苏凤凰文艺出版社
JIANGSU PHOENIX LITERATURE AND ART PUBLISHING, LTD

图书在版编目（CIP）数据

我毕生的故事：乔治·桑自传 /（法）桑著甘露译. — 南京：江苏凤凰文艺出版社，2014（2023.8 重印）

ISBN 978-7-5399-7391-3

Ⅰ. ①我… Ⅱ. ①桑… ②甘… Ⅲ. ①桑，G.（1804～1876）—自传 Ⅳ. ①K835.655.6

中国版本图书馆 CIP 数据核字(2014)第 088374 号

书　　名	我毕生的故事：乔治·桑自传
著　　者	（法）乔治·桑著
译　　者	甘　露
责任编辑	黄孝阳
特约编辑	汪　旭
出版发行	凤凰出版传媒股份有限公司 江苏凤凰文艺出版社
出版社地址	南京市中央路 165 号，邮编：210009
出版社网址	http://www.jswenyi.com
经　　销	凤凰出版传媒股份有限公司
印　　刷	南京凤凰通达印刷有限公司
开　　本	880×1230 毫米　1/32
印　　张	6.75
字　　数	140 千字
版　　次	2014 年 8 月第 1 版　2023 年 8 月第 4 次印刷
标准书号	ISBN　978-7-5399-7391-3
定　　价	28.00 元

（江苏文艺版图书凡印刷、装订错误可随时向承印厂调换）

目录

第一章

我从不认为，当一个人在讲述自己一生故事的时候，会带着傲慢的神色，或者能保留一丝中肯的评价。在他这一生给别人留下的诸多回忆中，他更无法选择，哪些事情会永久地留存在别人的心里。对我来说，我仍旧想要尽到自己的责任，即使给自己作传这事十分艰难——没有比给自己下定义、亲自概括自己的一生更困难的事了。

对人类内心世界的好奇探寻是人的天性，然而我们越是聚精会神，就越难以看得分明。对于那些活跃的头脑来说，认识自我是一门枯燥乏味的学问，并且这学问是永远都掌握不了的。但我会完成自己这份责任的，这责任犹如压在我心头的一块石头。我答应自己，在没有完成这件事之前，绝不能死去。因为这件事是我常怂恿周围人为他们自身去做的，即对自身天性做一次诚挚的探寻，对自我的存在做一次专注的审查。

难以克制的惰性让我一直拖延到今天才完成这个任务，懒惰是那些喧闹的、被各种欲望占据的灵魂的大敌，因此也就是那些年轻人的大敌，因为年轻人的灵魂大多是嘈杂且拥挤的。或许是我有些负罪感，因为尽管许多关于我的传记中充斥着各种错误，我还是让它们出版了。对此外界有赞扬，也有批评。直到有一天，我的名字成为一些传记里荒谬的存在。那些传记先是在国外出版，经过一些毫无考证的修改以后，又被重新引进到国内。我常被作者询问，他们需要在里面添加些什么信息，才能让我满意。而我一直懈怠拖延，直至最后拒绝了许多热心人最单纯的好意。我承认，彼时，对于读者热衷于我那并不突出的品格一事，我感到极度厌烦。因为那个时候，我满心满脑都被那些更坚强、更有逻辑、更完备、更理想化的品格所占据，这些品格比我拥有的更优越。用一句话来概括，这是那些小说中的人物才拥有的高尚人格。同时我觉得，人之一生，只能有一次在公众面前谈论自己，而且是极其严肃地谈论，之后就该永远不再提及。

当我们习惯于谈论自己，我们会更容易自我吹嘘。这并非我们的本意，而是人类本性的自然流露，人们似乎总是愿意不断美化自己、拔高自己的思想，甚至说些幼稚的大话。不过我们不该为此害怕，因为这些大话尚披着抒情的外衣，如同诗人们的话语一般。就这一点而言，诗人似乎拥有专门且神圣的特权。但是，太热衷于自身，会让自己沾染上心比天高的坏习气。这种行为并不能让灵魂长久栖居，也不能和别人做心灵上的深入讨论。在这种对自我极度热情的怂恿下，人全然忘记了自己还有缺陷。他好像有了神力，拥有一个理想化的世界。有时他也会后悔和沮丧，但他会把这些琐碎的情感无限夸大，变成一种绝望的诗情和惆怅的意境。就好像她摇身一变，成了少年维特[①]，成了曼弗雷德[②]，成了浮士德[③]，成了哈姆雷特[④]……成了这些艺术上的高尚表率。但是，这些原型都缺少哲学知识上的教益，有时会成为对人有害的模范，或者是跟真实生活不沾边的例子。

无论如何，这诗人灵魂里最伟大情感的写照都被人永远崇敬着！要我说，无论他们曾遭遇电闪雷鸣的乌云，还是曾获得过耀目的荣光，我们都应该对那些大艺术家们多一些宽容，这是他们应得的权利。因为他们将最崇高的情感传达给我们时，就已经完成了他们的最高使命。但是还要说，要在最谦逊、最通俗的形式下，不用难懂的代号，摒弃虚荣的光环，也没有高筑的神坛，我们就可以这样交流，必然能够完成一件严肃的任务……这些将对我们的同辈人更加有用。

诗人能将他们自身的存在理想化，把一些事情变得抽象和虚无，这种诗人的才能显然不会是完善的教诲。或许这是有用且能活跃人思维的，因为有灵感的幻想家会让我们的灵魂得以升华。

---

① 歌德著作《少年维特之烦恼》中主人公。整部作品像一篇感伤的抒情诗，用日记和书信体的方式写出了维特苦闷的心理和惆怅的情感，激起读者强烈的共鸣和精神上的极度震动。

② 拜伦诗剧《曼弗雷德》中主人公。曼弗雷德从小便是一个落落寡合的人，壮年时独自居于阿尔卑斯山的大自然中，但是他的心境却始终得不到宁静。他埋头研究科学，然而从知识中亦不能得见幸福。“知识的树，终非生命的树。”他在这样的苦闷中悲观厌世。

③ 歌德诗剧《浮士德》中主人公。浮士德经历过彷徨与苦闷，失望至极之时，甚至想到了死。诗剧最终，他在发动大众改造自然，创建人间乐园的宏伟事业中找到了人生的真理。

④ 莎士比亚戏剧《哈姆雷特》中主人公。在《哈姆雷特》中，复仇的故事中交织着爱恨情仇。主人公丹麦王子哈姆雷特失去了父亲，整个王宫陷入了死亡的恐怖之中。在经历了痛苦的挣扎之后，他达成了目的，最后中了致命的毒剑死去。

心醉神迷中，情感得到净化，精神更加激昂。他们用精巧的芬芳粉饰我们的弱点，在这种迷幻中，却还缺少一种更重要的东西，那就是真实。

好吧，一个艺术家要想触及这种真实，的确需要费一番力气，那些热衷于追求真实的人实在是很勇敢！对我而言，我承认自己对这项任务的热爱并没能持续太久，把这个题目写成文章也不是很容易。

我总是发现，不仅过多地谈论自己不好，长时间地独处也是有害的。普通人的一生中只有很少的时间，甚至仅有几个瞬间，能做有趣且有益的冥想。我和所有人一样，都能感受到这些日子、这些瞬间的存在。但我会拿起笔写作，倾吐出这萦绕着我的愁思或心中无限的焦虑。这些随笔中的绝大多数永远不会发表，但它们就像我人生的路标。而剩下的一些文章则以一种半机密性半文学化的形式，写于不同的地方，在隔了很长时间以后，编成了一个文集，收在《一个旅行者的信》这本书中。在写这些信的时候，我一点儿也不怕谈论自己，因为这种谈论并不以一种公开性和文学化的形式存在。书中的“旅行者”有种虚构的成分，是杜撰出来的，就像我的笔名一样，是男性化的。我本人很年轻，而这个人物很年长。我借助主人公，这个伤感的旅行者之口，讲出了许多个人的情感和思考，这些是我不敢在虚幻的小说或是严肃的文体中写出来的。

我需要抒发内心的激越，并不需要顾及读者的感受。

如今，我已经没有了这种抒发内心的需要，这种诉求对成人来说是幼稚的，对于搞艺术的人来说，是十分危险的。我将说说我为什么没有了这种需要，以及我为何要如实地书写我自己的人生——这种如实记述就像人按照生理需求吃饭，却不能品尝出食品的任何味道。

我没有了这种需要，是因为我到了一个平静的年纪，我的人格已经没有了进步的空间。如果我随心所欲，只顺着自己的喜好走，我能做的只是遗忘，完完全全地忘记自我。我不再执迷于年轻时挥之不去的那个谜团，我解决了那些让我晚上失眠的难题。这遗忘帮助了我，因为就凭我一个人，大概很难获得这暂时的喘息。

我生活的时代，是压抑了许久之后真理的火花迸发的时代。我亲身经历，也知道其发源于何处，这对我来说已经足够了。我曾经试图在心理学里寻觅启蒙之光，但这是十分荒谬的。这启蒙之光实则来源于信念，这信念就在我自己身上，我却还没有找到。当我明白这一点时，我可以不费力地到达灵魂栖居之所，而心灵的休憩却永远也无法达到。对于那些生来就有一颗悲天悯人之心的人来说，世界上总有要去关爱的东西，所以要去怜悯、去奉献、去宽容。在人生的任何一个阶段都不能逃避痛苦、倦怠和恐惧，因为这逃避实际上是冷漠、是无能、是提前到来的死亡。只有我们坦然接受这人生的不治之症，我们才能更好地挺过来。

在这沉静的思考中，在这屈从的压抑里，我既没有体会到人生在世不称意的苦涩，也不知道这么长时间以来，对自我的热情其实让我受到了欺骗。是以我从未想过要反抗，从没想过好好审视自己的现状和反思自己的过去。

但是我曾说过，我把给自己写传记看成一项任务，下面我来说说原因。

许多人尽管活着，却从没有严肃地审视或试图理解过自身的存在。他们不知道从上帝的视角来观察自己，无论是作为个体的自己还是作为社会一份子的自己。他们从我们的身旁走过，没有人认出来，因为他们是如此默默无闻。尽管他们命途中的崎岖是在上帝看来很必要的，但可以确定的是，他们其中一些人一生都将残缺和低迷。

用我那个时代的语言来说[①]，人类精神进步最活跃和最虔诚的源头是“连结”。所有时代的人，无论是通过先天获得还是通过后天学习，都感受到了这一点。当个体被赋予自由表达的天资，在周围人的鼓励，或是在内心声音的驱动下，他愿意去表达他的人生。好像是他得完成的一项责任，这实际上是他讲述人生经历的责任，与其他个体交流的责任，是去旅行、以任意视角探索外部世界人和事的责任。

还有一种更个人化的工作，即向别人袒露自己的内心世界，也可以称之为讲述自己的灵魂生活。虽然这更难完成，但要我说，这同样很有教益。讲述内心世界，就是深入挖掘自己的灵魂，目的在于给人提供兄长般的殷殷教导。这些个人的印象，这些在抽象的智慧与情感的世界中，已经付诸实践或是在尝试中的漫游，从拥有诚挚且严肃的灵魂之人的口中娓娓道来。这是给枯燥人生的刺激，这是对丧气灵魂的鼓励，甚至可以说，这是发人深省的忠告，是那些陷于生活迷宫中，迷惘之人的向导。这讲述内心世界的过程，就如同在交换信心和彼此的怜悯之情，不论是

---

① 【作者注】上个世纪人们称“同理心”，后来叫作“爱德”，五年之前称“博爱”。

讲述之人，还是聆听者，都受益匪浅。

在内心世界中，一种自然而然的变化让我们愈发膨胀，时而睥睨一切，傲慢无比，时而又甘于下贱，卑微到尘埃里。一个如同兄长的朋友曾向我们坦言，他也遭受过许多的折磨和困惑，我们从自身经历中得到的经验中找寻，却没有找到更好的理由来教他坚强，让他相信生活。我们心里一清二楚，这位朋友的境遇，其实也就是我们自己的人生境遇。就如同常理所言，一个人的生活其实就是千千万万个人的生活。

“我曾承受着相同的痛苦，我曾遇到过同样的暗礁。我从苦难中走了出来，所以你也一样，你也会战胜苦难的。”这就是一个做朋友的人对他的朋友说的话，是一个人教会另一个人的道理。在那些绝望的时刻，在生活的重负压得人不堪忍受的时候，对他人的同情和援助是我们责无旁贷的义务。在那个时候，我们却没有觉察到要去主动地流露情感，情感却自然而然地迸发了。

确实，那些经历过最大不幸的灵魂，对于他人来说，才有着最大的影响力。在情感世界里，我们很少去怀疑论者那里寻求依靠，那些怀疑论者既爱嘲笑人，态度又傲慢。我们常常向那些同类人中的不幸者，向那些比我们自己承受了更多苦难的人投去目光，并伸出双手。如果我们发现他陷于不幸，他受到同情，和我们一同哭泣。在他运用理智和力气的时候，如果我们恳求他，或许他会教我们生活的道理，这样我们就对苦难有了解。但是很有可能，在完全理解我们之前，他会无动于衷。为了让他理解我们，他应该信任我们，作为我们对他的信赖的回报。

因此，对人生苦难和斗争的讲述其实是对所有人的教诲。如果每个人都明白是什么教他受苦，又是什么将他从苦难中救赎，这将是对人类的致敬。正是在这种崇高的视角下，在这种果决的信念下，圣·奥古斯丁[①]写作了《忏悔录》。这是一部世纪巨著，是几代基督教人寻求救赎的探索。

然而，巨大的鸿沟将卢梭的《忏悔录》与这位基督教神父的巨著区分开来。这位十八世纪哲学家的目的似乎更加个人化，内容也没有圣·奥古斯丁《忏悔录》的严肃和富有教育意义。卢梭自我谴责的目的似乎只是为了找个机会为自己辩解和开脱，他揭露自己不为人知的过错，也只是为了有理由反驳公众对他的诽谤和指责。同时，这部作品也算得上是一座刻画自尊与人性的丰碑。卢梭通过他的个人情感反抗这个社会，通过他真诚的态度吸引我们，并深入到我们的内心。这部享有盛名的作品揭露了人性的缺陷，有时甚至是人性的罪恶。在这部作品里，有严厉的教训。在对理想的不断追寻中，越是那些能让殉道者们沉浸甚至迷失其中的理想，越能震撼人心，并且引人入胜。

然而，很长时间以来，我们把卢梭的《忏悔录》单纯地看成一部个人自我辩解的作品。而作品中交织着的，对自身的考量和忧虑，无疑也加深了人们的这一看法。在卢梭的朋友和敌人都已经不在了的今天，我们更加带着轻视的眼光看待这部作品。我们不再想知道，这本书的作者曾遭遇过多么不公的对待，曾受过多少病痛的折磨。我们也不愿意去了解，他那些恶意中伤的诽谤者

---

① 古罗马帝国时期基督教思想家，欧洲中世纪基督教神学、教父哲学的重要代表人物。著有《忏悔录》、《论三位一体》、《上帝之城》、《论自由意志》、《论美与适合》等。

们，是多么的肆无忌惮，又是多么的残忍。我们所感兴趣的，能够启发并影响着我们的，是这个天才的灵魂被他那个时代的谬误和哲学之路上的重重障碍所占据，是他庄严朴素、自由自尊的思想同轻浮、不信神、腐朽的社会阶层的斗争。他曾接触过这种社会阶层，这阶层反过来也同时在他身上留下了深刻的烙印。这腐朽阶层对他的影响里，有时是通过好处引诱他，有时是通过专政限制他。而这些影响，时而让他陷入绝望的深渊，时而又让他奋起反抗，达到与腐朽决裂的高尚境界。

就算说卢梭《忏悔录》的思想是很有教益的，就算说揪出自身某些小毛病、并向别人讲述自己种种不可避免的错误是人类的责任，我却并不是那种善于在公众面前忏悔赎罪的人。作为一个作家，为了避免背上怯懦的骂名，我已经足够坦诚。所以我坚信，读者们已经很了解我了。然而，在我看来，这种自我谴责的方法并不能说是很卑贱的，那些自我谴责的人也没想着要去愚弄欺骗大众。知道卢梭曾经从我的祖父那里偷过三镑10苏①这件事并没什么用，也没什么教育意义，更不用说，这件事可能也并非实情②。对我来说，我还记得在小的时候，自己曾经从祖母的钱

---

① “镑”和“苏”均为法国货币单位，1镑约合20苏。

② 【作者注】这里是我在祖母的日记里所看到的：我的丈夫弗兰科尔有一天对卢梭说：“你愿意把所有事告诉所有法国人吗？”卢梭回答：“我将会这样做。”他的回答让我和我的丈夫在剩下的一两个小时内都漫不经心地打着哈欠。这或许是他一生中唯一巧妙的应答，而这应答也并非是发自心灵的。或许就在这个晚上，卢梭偷了我丈夫3镑10苏。不过对我们来讲，卢梭似乎对这起偷盗很是沾沾自喜，并且常常吹嘘自己。而弗兰科尔对这件事几乎没什么记忆，他甚至觉得，是卢梭自己编排出这件偷盗的事情，目的就是在于向公众展示他良心的敏感，同时为了有人觉得他还有那些错误没有“忏悔”。另外，我有些想说：“好样的卢梭，您把皮鞭加大力度，重重地打在自己身上，目的就是为了让人们竖起耳朵听呀！”

夹里拿了10苏来送给穷人。我偷偷摸摸地做了这件事，心里还挺满意。私以为，这件事实在没什么可夸耀的，也没什么可忏悔的。这仅仅是我做的一件傻事，因为我若是想要钱，直接向祖母要就好了。

不过，对于剩下的那些诚实的人来说，我们所犯错误中的绝大多数仅仅算得上是“蠢事”。在那些不诚实的人面前，对我们错事的谴责根本就算不上什么。因为那些不诚实的人，总是在有预谋、有方法地犯罪。这个世界就是由这两种人组成的。人们总是愿意更多地讨好别人，而不会选择向别人暴露自己差劲的一面，目的是为了取悦他人，或者得到他人的怜悯与认可。

当我得知卢梭曾如此卑躬屈节，凭空想象并且夸大事实，甚至编排出一些无中生有的错事来忏悔时，我感到十分难过。面对他的敌人们强加在他身上的罪责，他为自己辩解，但是《忏悔录》的写作并没能让敌人们心软。想要证明自己的无罪和善良，只去关注他没有作自我谴责的部分还不够吗？只有在那里，他才是完全无辜的。对于这一点，我们知道得很清楚。

不管人是纯洁的还是肮脏的，卑微的还是高大的，人性中总有虚荣的成分。在给自己辩白的时候，就会发现，这虚荣是孩子气的，也是值得怜悯的。我从不理解，一个受谴责的人能够审判自己。如果他是有罪的，他会说更多的谎言，他的罪行也因此加重。而他被揭穿的谎言会让他更屈辱，受到更严苛的审判。而如果他是无辜的，他又怎么能够向莫须有的罪名低头，还去证明自己曾经犯过错呢？

更重要的是，这关乎自身的荣誉。在人生不断前进的过程中，人应该仔细地爱护自己，或者精心计划以求得成功，并躲开别人的诽谤和恶意中伤，同时证明自身的优秀。诽谤和中伤是所有人都会遇到的，即使是最优秀的人也不例外。有时，这是公共生活所必需的，但在私人领域，通过空话来证明忠贞是不可靠的。正因为任何人都不能说自己是完美无缺的，因此才需要让我们认识的人来赦免我们的小毛病，并且欣赏我们的优点。

最后，因为社会上每个人相互都是有着千丝万缕联系的，孤立的过失并不存在。因此几乎没人能说，自己从来没犯过错，或者从不是错误的帮凶。只谴责自己，而不去怪罪他人是不科学的。有时候需要责备的，是打击我们的敌人，甚至是为我们辩护的朋友。就像那件曾经发生在卢梭身上的事例一般，连瓦伦夫人①都在忏悔自己的错误，谁又能保证自己从未犯错，有权利能审判并原谅卢梭呢？

请原谅我，卢梭，在责备你的同时阖上了《忏悔录》——这本值得尊敬的书！我责备你，但同时也是向你致敬！因为这些责备丝毫无损我对你的尊敬，以及我对你所有作品抱有的热情。

在这里，我要为自己辩护。我写这本书，并不是为了完成一件艺术品，因为艺术品只有自发创作或者灵感迸发而不去限制时才有价值，我也不想像创作小说一样讲述自己的一生。那样的话，形式就会喧宾夺主，连内容也要为其让步。

因此，在这本书里，我的讲述可能没有什么顺序，也缺乏连贯性，甚至会陷入自相矛盾的境地。人类的天性本来就是前后不

---

① 瓦伦夫人，卢梭青年时期的情人，在音乐和自然方面给卢梭以启迪，对卢梭的一生产生了巨大影响。

一且毫无逻辑可言的，我也不相信（的确一点儿也不信），有人能够声称，今日的想法，和昨天的想法能够完全一致。

所以，我写作这本书时，可能会随心所欲地跟着灵感走。在这里，作为本书的开头，我将跟大家就我心里对于回忆录这类文体的看法做一个简短的介绍。同时在我逐渐开始讲解的时候，会举出具体的实例。

那些曾经伤害过我的人，他们也无须惶恐，对于他们的所作所为，我已经记不起来了；那些热衷于挖掘丑闻隐私的人也不要高兴得太早，我的这本书并不是为这样的人而写。

我出生的那一年，是法国实行共和以后的第十二年，拿破仑于这一年加冕称帝[①]（1804）。我的名字并不像许多为我作传记的作家所说的那样，叫玛丽·奥罗尔·德萨克森，德·杜德旺侯爵夫人，而是阿芒蒂娜·露茜尔·奥罗尔·杜邦。我的丈夫，弗朗索瓦·杜德旺先生也没有贵族头衔“德”，他仅仅在步兵队当过少尉罢了。我和他结婚的时候，他才 27 岁。当他从一个年轻人逐渐变成拿破仑帝国一个年长的陆军上校的过程中，人们把他跟德尔马尔先生搞混了。而这位德尔马尔先生，则是我小说中的一个人物。不难理解，在给一个小说家写传记的时候，确实很容易把小说里虚构的成分跟小说家的真实人生混淆起来，因为小说里的东西实在是很容易让人浮想联翩。

还有人把我和我先生的关系，跟我们彼此父母间的交往混为

---

① 1789 年法国爆发反对路易十六的大革命，将路易十六送上了断头台。之后法国成为立宪制国家。1799 年，拿破仑通过雾月政变夺取政权，成为第一执政官。1804 年 5 月 18 日，《共和十二年宪法》颁布，宣布法国为法兰西帝国，拿破仑为帝国皇帝，称拿破仑一世。这就是法国历史上的法兰西第一帝国。

一谈。玛丽·奥罗尔·德萨克森是我的祖母。我丈夫的父亲在帝国时期曾经是骑兵队的上校，但是他既不粗鲁也不乱发脾气，可以说，他是男人里面最有礼貌最温和的。

顺便提一下，我要好好地向我的传记作家们道个歉。同时，冒着让我与他们之间关系恶化、还要为他们的徒劳无功付出代价的风险（尽管他们的写作出于好意），我还是要说：“他们的写作既不细致精确，不合时宜，也没有遵循实事求是的原则，而只是给我没有将婚姻持续下去作辩解。同时将我和我丈夫区别对待，仅仅为我辩护，却把错误都归咎在我丈夫身上。”对于那些所谓的错误，当我与丈夫分居重获自由以后，连我自己都不去抱怨了。公众在空闲之余，会谈论起这种类似的指责，他们常常对我丈夫这些所谓的错误抱有非常不好的印象，这些都是很难避免的。当人认识到要直面或忍受日复一日的攻讦时，就明白不必为此忧心忡忡。

传记作者有时需要致力于讲述另一个作家的人生。然而，当他们在描写笔下那些作家时，无论在情感上或是在思想上，传记作者都不应该忤逆作家的意思，更遑论跟他们正面冲突了，尤其是当笔下的作家常常被人迎合奉承，希望在公众舆论中保持良好形象并且想要重获声誉时。在这种情形下，传记作者的角色就像是作家的一个朋友，而朋友是无论如何都会照顾公众情绪的。

我的丈夫仍然健在，他既不看我写的东西，也不读那些有关我的文章，是以对于他因为我才成为舆论批评的对象一事，我更加不能赞同。我不能跟他一起生活下去，是因为我们在性格、思想观念上都存在根本性的分歧。对于我提出的合法分居的提议，他有理由提出反对。但他也知道，我们的确有必要分开，同时这种分居在事实上早已存在了。轻率的想法让他萌生了进行一场公开辩论的想法，而这让我们彻底陷入了互相指责的境地。当时的立法并不完善，是以辩论的结果并不使人愉快，这一窘况只有在后来才慢慢得到改善。自从我和丈夫对外界宣告分居并不再来往时，我便急于抛开以往对他的种种怨恨。从这个意义上来说，外界对我丈夫的任何指责都让我很不高兴。而对于这些，我丈夫所遭受到的永无休止的非难，我却并非是同谋。

人们猜想，在我的回忆录中，我将不会写到那些诉讼案件，因为回忆那些孩子气的怨恨和苦涩的记忆会让我的写作变得更难以忍受。的确，在写到这些的时候，我确实很不好过。但我写这些，并非是为了抱怨，也不是寻求心理安慰。我接下来要讲述的痛苦经历是一件单纯的个人的事情，并没什么普世的教育意义，我只是在讲一些所有人都会碰到的日常琐事。在这里我再次声明，那些热衷于挖掘丑闻隐私的人看到这里可以把书阖上了，我说过，这本书不是写给你们看的。

我要讲述的，大约是所有我从我那段婚姻中所总结出来的东西，因为良知的停顿，我将即刻为您讲述我的故事。我很清楚，否认我的那些传记里的说法看起来可能有些草率。尽管对于那些传记您已经从心里接受了，而且我这样做，会让您冒着对它们重新做一些审视和修改的风险，我也知道我做过许多不大审慎的事，但在某些时候，人总是要随着自己的性子做一次真正想做的事，不是吗？

因此我在这里写下关于婚姻的一章，从结婚一直到分居，同时我会追忆到我出生的时候。

事实上，我的出生是件很令人好奇的事情，有时候会引发我对人类这个种族的思考。长久以来，无论是我的父亲还是我的母亲都并不欢迎我的到来。

我怀疑在那些传记里，我被荒谬地描述成一个贵族家庭出身的人，因为传记作家们太抬举我，给我安排了一个显赫的出身。他们不愿意寻根究底找出事实，只是满足于顺理成章地认为，我给我那显赫的贵族荣誉抹了黑。

在我看来，我的父亲不仅仅扮演了一个孩子父亲的角色，同时还有一点点肩负起了母亲的职责。我甚至有些觉得，他做的比一般母亲还要多得多，我们都很珍视这种父女亲情，因为这亲情用最迅捷、最强有力、最神圣的方式将我们两个人紧紧联系在一起。然而，如果我的父亲是那位波兰国王奥古斯特二世①的曾孙，我可能还会觉得自己颇有些私生女的嫌疑。不过事实上，尽管是查理十世②和路易十八③的近亲，我的骨子里却是一个普通人。这一点无可辩驳，也毫无争议。

我的母亲从小在巴黎老街里长大，她的父亲安托万·德拉波尔德是个卖鸟人，也就是说，他在巴黎的花鸟市场卖金丝雀和金

---

① 波兰国王，一生追逐女色。他拥有365名子女的传闻虽然无法证实，但其的确拥有不少私生儿女。

② 他是法国王太子路易最小的儿子，也即是路易十五的孙子，路易十六与路易十八的弟弟。他在即位前的封号为阿图瓦伯爵，法国波旁王朝复辟后的第二个国王（1824年—1830年在位）。

③ 法国国王路易十六的弟弟，查理十世的哥哥，被封为普罗旺斯伯爵。路易十六当国王时，他被立为摄政王。后来，他的侄子路易十七在狱中被保王党奉为国王，1795年，路易十七死于狱中，他成为继承人，自称路易十八。

翅鸟。在买下一家带桌球房的小咖啡馆后，他就不再从事卖鸟的营生了。不过，我也不知道他的小咖啡馆是在巴黎的哪个角落。

不瞒您说，我母亲的教父在卖鸟人的圈子里名气也不小，他的名字叫巴罗。这个名字放到圣殿大道①也是响当当的。在圣殿大道那些教堂顶尺寸各异的鸟笼里，飞禽们欢快地唱着歌，教堂里还有许多教父教母，他们在我眼中都是非常神秘的人物，我始终对他们抱有一种十分亲近的感情。

人和鸟这种从属于人并看似比人下贱的生物之间的惺惺相惜意味着什么？同样的，在这两种生物之间，不可克服的厌恶与惧怕也同时存在着。人就是这样，尽管面对的是一种根本不会对自己构成伤害的动物，有的人还是会害怕。就我而言，我对鸟一直都抱有很大的好感，连我的朋友们都被我这种对鸟的狂热所震惊，觉得我简直是疯了。另外，我还在这方面下了苦心，做了很多的研究，简直成了一个鸟类专家！的确，鸟类是唯一对我有强烈吸引力的动物，我从没在其它动物身上投入这么多的心血。所以，要是我在这方面有什么自夸的嫌疑，还请读者们多多包涵。

我这份对鸟的喜爱是受了母亲的影响，她对鸟儿的迷恋程度更甚于我。她曾经常在我们家的花园里漫步。园子里有好多种类的小鸟，有胆子很大的小麻雀，有机灵可爱的黄莺，还有叽叽喳喳叫个不停的燕雀……它们都栖息在花园的树上，过着自由自在、毫无拘束的生活。鸟儿们陪伴着我散步的母亲，它们很信任人类，仿佛认定了人伸出手是喂给它们食物。我敢打赌，母亲对

---

① 圣殿大道（Boulevard du Temple）是巴黎第三区和十一区的分界道路，它得名于曾设在此的圣殿骑士团。

于鸟儿的喜爱是受到她的父亲、我的外祖父的影响。 而我的外祖父之所以会成为一个卖鸟人，肯定也不是偶然的，而是他的天性使然。 是天性的原因让他跟鸟儿们亲近，并同这飞翔的小动物产生了密不可分的关系。

没有人会否认马丁·卡特还有范·安布尔这些人驯服凶猛野兽的本事，我也希望别人不要太苛求我在与鸟儿相处时的技巧和礼貌，这两条腿、长着羽毛的小动物在我前半段人生里可是个重要的角色。

玩笑先放在一边，不过事实的确如此，每个人都会有自己喜欢或者讨厌的某种动物。 这种偏好有时候很明显，甚至在某种意义上带有攻击性。 狗在人类的家庭生活中扮演着非常重要的角色，这一点很值得人去探究，不过对于这个未解之谜，人们却不大愿意去深究。 我家曾经有个女仆，她特别喜欢猪。 要是她看到屠夫在切猪肉，准会因绝望而昏倒。 对我来说，我生长在乡下，从小甚至有些粗野，常常看到家里养的动物成群经过。 对此，我颇有些孩子气的恐惧，这恐惧难以克服。 每次看到有大批的牲口经过，我总会晕头转向，脑袋昏昏的。 我甚至觉得，就算是置身于狮群中也比这强。

或许所有的物种、各种分门别类的动物都能在茫茫人海中找到和它们性格相似的那类人。 善于根据面貌判断对方性格的人早就发现了人与动物在生理上的相似之处，更没人会否认，人类在精神层面和动物的特性也能找到相对应的一面。 在我们之中，难道就找不到性格像狐狸、像狮子、像狼、像鹰、像金龟子或是像苍蝇的人吗？ 人性中粗鄙的方面常常是如同贪婪的公猪一般低贱且残忍的，这种粗鄙最能引起人的厌恶，让人唯恐避之不及。我喜欢狗，但并非所有的狗，对于某些品种的狗身上那些讨人厌的特点，我简直不能忍受。我喜欢那些不驯服的狗，它们大胆、不满足、并且自由自在无拘无束，但他们的贪食却让我心中有些不快。狗是很优秀的物种，它们很有天赋、惹人喜爱，然而它们天性中粗鲁的个性却让它们减分不少。所以总的来说，有着狗那种性格的人并不是很好。

不过，对于鸟儿我还是喜欢的，它是天地间最高等的造物。鸟儿的身体结构惹人喜爱，它飞翔的能力让它在身体上比人类还要稍胜一筹，赋予它一种人类还没办法达到的力量。它的小嘴儿和爪子灵巧得让人难以置信。它还拥有伴侣间爱情的天性，能够组建家庭。鸟儿的巢是巧夺天工的杰作，兼具温柔的关怀和细致的奢华。鸟儿还是少数几个雄性帮助雌性料理家事的物种之一，像人类一样，在家庭生活中，雄鸟建筑鸟巢，并且哺育后代。

鸟类是歌唱家，它漂亮、优雅、灵巧、充满蓬勃的生气，它对待伴侣专一。人们常常指责鸟类多情，这可是冤枉它们了。要说到对伴侣忠诚的天性，鸟类是动物里最忠诚的。狗常常因为对幼崽的爱被夸赞，而事实上却只有母狗会照顾自己的后代，这种特性让母狗比公狗更高等。在鸟类中，无论是雌性还是雄性，却都具有这种美德，它们是许墨奈俄斯①所倡导的理想的表率。因此，我们不能轻视鸟儿。作为音乐家和诗人，它们在天性上就比人类更优越。那些有着鸟类特性的人，一定是艺术家。

---

① 希腊婚姻之神。

一讲到这些离题千里的事，我就不知疲倦。不过既然讲到了鸟，在这里我要引用我曾经听到过，并想要告诉大自然的诗人布丰[①]的一件小事儿。我家里养了两只来自不同鸟窝而且品种不同的小夜莺，一只胸脯是黄色的，一只有着灰色的上身。胸脯是黄色的那一只叫绒宝[②]，灰色上身的那只叫阿加莎，绒宝比阿加莎大十五天。夜莺是我们的小鸟儿里边儿最机灵最早熟的，十五天对于一只夜莺来说，就相当于人类的十年。绒宝是个善解人意的小姑娘，她有些瘦弱，身上的羽毛还没长全，只会从一个小树枝飞到另一个小树枝，独自一个的时候甚至不肯吃饭，大概是因为人类养的小鸟比野生的鸟儿长得慢的缘故。夜莺妈妈比我们更悉心，我要是谨慎一点强迫绒宝自己吃饭，不为她的央求所屈服，或许就能让它早十五天学会自己吃饭了。

阿加莎是个讨厌的小家伙。她总喜欢不停地扭来扭去，啁啾不止，抖动着她初生的细毛，还打扰绒宝思考——此时绒宝的一只爪子缩进她小裙子的羽毛里，脑袋陷在里面，半眯着眼睛，正在反思着什么艰深的问题。

不过她到底还是个小姑娘，还很贪吃，她尽力飞到我身旁来，当我在一边冒失地看着她时，她已经吃到肚子鼓鼓的了。

有一天，我正在写东西，也不知道是哪本小说。我把一根绿色的小树枝放在不远处，在那根树枝上，正站着我那两个机灵的小学生。天气有些凉，阿加莎身上的毛还没有长全，她缩成一团，挤在绒宝的怀里。而绒宝似乎已经顺从地扮演着母亲的角

---

① 法国博物学。

② Jonquille，法语中是浅黄色的意思。

色，态度很是慷慨。整整半个小时，这两个小家伙都非常安静，我正好利用这段时间写作。她们很少能让我享受这愉快的闲暇时光。

最终，空空的胃唤醒了她们。绒宝先是跳到椅子上，又跳到我的桌子上，把我刚写下来的最后一个字蹭得模糊不清。而阿加莎呢，她不敢离开小树枝，只能委屈地拍打着翅膀，把她半张的小嘴往我这边伸，失望地叫着。

那时我正在写我的结尾，因此第一次对绒宝很不耐烦。我告诉她，她已经到了自己吃饭的年纪了，而且那漂亮茶托上的食物就离她的嘴不远。我下定决心，决定对她的懒惰视而不见。绒宝呆呆的，还有些倔强，她似乎在赌气，就是不回到她的树枝上。阿加莎也没有屈服，她跳到绒宝的身边，坚持要求绒宝喂给她饭吃。或许她正在试图用一场雄辩说服绒宝，又或者她还没学会把一句话说完整。她的语调楚楚可怜，很能触动敏感的心弦。然而我是个粗俗的人，我看着阿加莎，听着她的叫声，一动也没动。绒宝的感情却纤细得多，她看起来似乎有些犹豫，内心的两种想法开始交战。

最后，绒宝终于做出了决定。她一个急冲，落到托盘上，叫了一下，似乎食物自动飞到她的嘴里。过了一会儿，她似乎屈服了，放下爪子往前走。然而，奇迹出现了，她并没有打算用食物喂饱自己的胃。她先是用嘴衔了食物，之后飞回到树枝上，细心地喂给了阿加莎。她是如此的温柔，动作如此干净利落，就好像她本来就是一个母亲一样。

从这一刻起，阿加莎和绒宝就不再烦我要我喂饭了。年长的绒宝喂食给年纪小的阿加莎吃，她喂得可比我好多了，不仅把阿加莎喂得胖胖的，还把阿加莎身上的羽毛梳理得干净光滑。绒宝似乎收养了一个女儿，却忘记了，她自己还是个小姑娘呢。正是因着她这份对同伴的母爱，她还学会了自己吃饭。①

一个月后，尽管都是雌性而且不是一个品种，绒宝和阿加莎变得谁也离不开谁，她们在花园里的树上自由自在地成长。她们很少离开房子，并且选择在一棵枞树的树梢筑巢。树梢很宽，光滑而且凉爽。因为天气很好，每天我们一家都会到院子里吃饭。绒宝和阿加莎就会从树上飞下来，飞到我们的桌子上，就像亲密的邻居一般围着我们。有时跳到旁边的树枝上，有时飞到我们肩膀上，有时飞到端果盘的仆人身上，在水果上给我们之前，她们就先享用美味了。

尽管绒宝和阿加莎对我们家里的人都很信任，她们却只停在我手上。一天里无论是什么时候，只要我唤她们，她们都会从高高的树上飞下来。绒宝和阿加莎很熟悉我的声音，从来不会把我的声音和其他人的搞混。我的一个朋友对这一点很是惊奇，他从巴黎来，看到那些隐藏在树丛中的鸟儿们一听到我的呼唤声，就飞快地从树上飞下来，我跟他说，这是我教出来的。然而由于他没有参与到绒宝和阿加莎的成长中来，他顿时把这一切归因于神秘魔法的力量。

我家曾有一只红色的沙鸥，不管在智力还是记忆力方面，这

---

① 【作者注】自从我写这一卷回忆录，我写了许多其他的例子，而这个小故事看起来再平凡不过。那窝雏鸟从它们出生起就被我们家抚养，慢慢才学会吃东西，学会给我们放在同一笼子里的小鸟喂食。

只沙鸥都称得上是不可思议的。我还有一只非常美丽的鸢鸟，所有人都认为这是一种很凶猛的鸟类。然而它跟我生活在一起，异常亲密。它甚至常常在我儿子的摇篮边侧着身子，用它的大嘴，像剃刀一样赶走那些停在我儿子脸上的苍蝇。它的动作很灵巧，伴着温柔而婉转的叫声，它是如此小心翼翼，从来没有吵醒过摇篮里的小孩子。但是，对于它不喜欢的人来说，它实在是很危险。人们把它关了起来，不过这位鸢鸟先生实在太有力气，而且意志坚定，它甚至将笼子滚动，之后带着笼子飞了起来。没有链子能把它困住，每一次它都能灵巧地啄开链子上的环，甚至是家里最大的狗也对它有着难以克服的恐惧。

那些我曾经当作朋友或者伙伴的鸟儿们，我不想用它们的故事作为我第一章的结尾。在威尼斯，在我最绝望的时候，我曾经和一只美丽的椋鸟面对面，它就像是从卡纳莱托[①]的风景画里走出来的一样。之后我又见到了一只斑鸠，顺便把它买了下来。后来在跟它分离的时候，我心里很难过。

威尼斯人在养鸟方面颇有天赋，其中街角的一个男孩更是个中能手。有一天，他赌钱赢了不知道多少西昆[②]，他全部拿出来跟朋友举行了一场盛大的筵席，当天就把钱全部花光了。第二天，他又回到街角，坐在他的岸边的摊位前，笼子里装满了喜鹊和椋鸟，都是他熟悉的鸟儿，打算卖给行人。每日从早到晚，他都乐在其中。他无忧无虑，从不后悔把所有的钱用在请朋友吃饭上。他跟鸟儿相处太长了，却没沾染上艺术家多愁善

① 卡纳莱托，意大利风景画大师。

② 古威尼斯货币。

感的情绪。

就是那一天，他用五苏的价格卖给我那只惹人喜爱的斑鸠。只用五苏就能买到一个温柔漂亮、快乐懂事的同伴，真是桩划算的买卖。更何况，这位同伴只要求和人生活在一起，而一旦你们相处了一天，它就会喜欢您一辈子。啊，可爱的鸟儿！人们给予你的尊重实在太少，给你的赞美也远远不够！

我曾经心血来潮，写了一本鸟儿在其中扮演了重要角色的小说，我想在小说里表现一种人与鸟的情投意合，以及鸟儿对人类说不清道不明的玄奥影响。这本小说就是《泰韦里诺》，在这本书里我丝毫不考虑我的读者，就像我在不想重复那些千篇一律的话时常常做的那样。我很清楚，我不是为了人类而写作。比起收集一套小说和阅读一个外国人编造的故事，人类有更紧要的工作要做。而对于像我这样的作家们，他们从来都知道，自己是为某一特定群体的读者写作。那些读者们要么是处在社会的某一位置，要么是在浑浑噩噩中迷失了方向。毫不自夸地说，我希望他们能再读我的几页文字，来重新发现他们所忽视的日常生活。

同样，在《泰韦里诺》这本书中，我创造了一个能够对鸟儿发号施令的小女孩儿。在这里我想说，这不仅仅是单纯的幻想。那些人们用诗意的风格和可爱的骗局讲述的奇幻故事，例如《亚波罗琉斯传》[①]，表达了对基督教思想的背离和反抗。在我们生活的时代，人们不再解释奇迹发生的自然原因，却说这个世界上

---

① 亚波罗琉斯是一位希腊学者。《亚波罗琉斯传》的作者是斐罗斯屈拉特（F·Philostratus，约170—245），罗马时期的希腊作家。

根本没什么奇迹，一切都是宇宙规律，尽管还没有被人类完全认识和了解，这规律却是永恒存在的。

是时候停下来，不再讨论鸟的事情，让我们回到我的出生上来。

第二章

我的身体里流淌着王室的血液，同时也混杂了穷苦以及卑微之人的血。这就是人们所说的命运，这就算是给人定了性。既然命运已经决定了人的天性，既然我们每个人都是或贵族、或平民、或贵族与平民混杂的后代，就说明人是不断进化和发展的，这也让人与人之间的关系更加千丝万缕。我总结出，自然的遗传，也就是身体和灵魂的继承，让这个世界上的人们之间，以及他们的祖先之间产生了千丝万缕的联系。

因为作为人类，我们都有自己的祖先，无论是显赫或卑微、平民或贵族。祖先意味着父系的先人们，好笑的是，贵族似乎垄断了这个词，就好像手工业者跟农民没有祖先世系、家里没有贵族徽章就不能继承父亲的姓氏、“父辈”这个词在贵族阶层里比在平民中更常见一样。

我把我对于贵族世系的思考写在了《皮茨尼诺》这本书中，有时候我想，我写这本书，可能就是为了写我对贵族阶层的认识的那三章。就像人们理解的那样，贵族占尽权力和财富的优势，同时贵族阶层抱有一种畸形的偏见，认为只有自己才有权利拥有家庭那一套。而家庭这个概念本该对于所有人来说都是神圣和宝贵的。对于每个人来说，拥有家庭世系都是他不可剥夺的权利。

我曾经看到过一句不大完整的西班牙语，写道：Cada uno es hijo de sus obras①。每个人都是通过自己曾经做过的事，才成为了现在的自己，比起用头衔去评价一个贵族，用德行来评判一个人同样重要。这句话的思想内涵很丰富，正是这种思想导致了法国大革命的爆发。这句话也蕴含了一种反抗精神，不过这种反抗从来都是针对问题的某个方面，而对人们不了解的方面却从未涉及。同样的，说每个人都是通过自己做过的事，才成为现在的自己，这种说法实在太对了。每个人都是自己父母祖先影响和教育的结果，无论是母亲那方面，或是父亲那方面。从出生时起，我们就拥有某种天性，这是遗传的结果。若非还拥有改造自身的毅力，我们就会被天性遗传的东西死死地制约住。这毅力是上帝赐予我们的，每个人各不相同。

接下来可能还有些离题，不过我想借这个机会说，我们并非是绝对自由的。为了思维有逻辑，不辜负上帝对我们的恩赐，那些接受了宿命论的教条的人拒绝接受对地狱的残忍设想。我也一样反对地狱论，从灵魂到思想都不能接受。然而，我们并不是天性宿命的奴隶，上帝在给了我们天性的同时，还给了我们理性思考以及比较类比的能力，能够运用我们的经验，最终完成自我救

---

① 西班牙语，字面意思为每个人都是自己作品的孩子。

赎——这可能是出自对自我的爱，也可能出于对绝对真理的热爱。

我们没法反对那些蠢人、疯子，在可怕的偏执帝国里，真理被杀害，甚至倒过来成为他们辨别蠢货与疯子的标准。所有的规则都有例外，再完美的计谋也有漏洞。我坚信，随着社会的进步和人类教育的不断发展，这些致命的漏洞将会消失，而我们命中注定的天性将会和我们出生后养成的性格更好地结合起来，自然而然地成为逻辑思维的力量和支撑，这逻辑思维是我们后天习得的。而不是说，会让我们的天性与后天的学习之间的矛盾加剧。

或许这可以大胆地解决那些问题，那些纠缠了我们几个世纪的哲学和神学思考：承认奴隶和自由是同时存在的。宗教认为，如果不承认或是不反对那些绝对力量的主宰，他们便没有了立身之基。而我认为，未来的教堂将会认识到需要考虑到宿命，也就是天性的力量，或者说，激情的驱使。因为承认炼狱的存在，过去的宗教思想已经猜到，将存在一种介于地狱和天堂之间的存在。人类的理论不断发展，终将会承认这两个信念：天定宿命与主观自由。但是作为结尾，根据善恶二元论，我希望还能承认第三个概念作为对照，即宽恕。

宽恕这个概念，它不是凭空被创造出来的，而是一直存在着的。因为以前，这是人们所追求的最好的美德。宽恕，是一种充满神性的举动，内涵很丰富。只要别人提出要求，就随时准备去救人于水火。我很相信宽恕的力量，要是没有宽恕，我甚至不会去相信上帝。

从古代的理论中可以看出，那些比我们更天真、更无知，缺乏科学思想的人是怎样将宽恕的教条付诸实践的。对于撒旦的引诱和放肆的自由，只有宽恕能够战胜魔鬼。如此，宿命、自由和宽恕这三个概念并不是平衡的，而是两个对一个的关系。选择的绝对自由和全能上帝的拯救都是为了对抗天定的宿命，对抗魔鬼的引诱。在这种情况下，魔鬼很容易就被打败，在人类面前屈服。如果这些都是真的，又怎么解释人类的愚笨呢？尽管人类因为自由的力量和上帝的帮助，很容易能够找到通往永恒极乐的道路，这愚笨却让人满足于欲望的激情，将自己交到了撒旦的手里。

很显然，宽容这个信条没能将人类说服。这信条源自一种严肃、热情且充满勇气的情感，它很大胆妄为，甚至傲慢自大，充满了不断进步的激情，却没有考虑到人类的天性。这信条的结果很是谨小慎微，它的判决却是专制的，它让那些选择了信仰恶的人陷入对上帝的无限怨恨。宽恕不能救赎任何人：圣人只要心中有爱就能接近天堂。恐惧也不能阻止意志薄弱的人向着地狱不断接近。

基督教在将肉体和灵魂、精神和物质断然分开之时，没有认识到诱惑的巨大威力，就宣布屈从于诱惑的人都会下地狱。但是如果诱惑就存在于我们的天性中，如果上帝允许诱惑的存在。诱惑也遵循自然规律，而这自然规律将儿子与母亲联系在一起，将女儿与父亲联系在一起，也将所有的孩子们联系在一起，有时也把人和祖父、叔伯、曾祖联系在一起（所有的相似之处，有时是生理上的，有时是精神上的，有时又是生理上和精神上都同时存在的，这些相似之处都能在日常的家庭生活中体现出来）。很确定的是，诱惑并非是一产生出来就被诅咒的坏东西，它也不是在我们自身之外向我们施加影响，只为了考验我们或者要我们忧虑的抽象概念。

让-雅克·卢梭坚信，我们都是性本善的，我们生来就是可以被教化的，因此他否认天定宿命的存在。但是，要如何解释人自从在摇篮时起就被邪恶征服，并且不断腐化，沾染上恶习？而且他本人也是信仰自由意志而非教化的！在我看来，当我们已经接受了人绝对自由的思想，又看到自由被滥用的恶果，肯定会怀疑上帝，或者下定决心不问世事，冷漠地对待这个世界并专注于自己的事。因为宿命论告诉我们，结果都是毫无希望的，就像近几个世纪的神学家跟我们讲述的一样。

承认人类的天性可以被教化和被救赎，这正是我想要说的，也是祖先留给我们所必须接受的宝贵遗产，否认它是没用的。永恒的恶是一种致命的信仰，它已经被摧毁，因为尽管我承认命中注定的存在，但人类的进步是不会被宿命的锁链束缚的。这种宿命总是可以被修正，并且不断在被修正，有时甚至可以说是杰出的甚至是崇高的。因为祖先留给我们的遗产有时是奇妙的馈赠，在这方面，上帝是从不吝啬的。人类这个物种并不是一群毫无联系的人偶然聚到一起，而是一群相互都有关系的人的集合。这联系难以打破，甚至一个死亡之人的名字也和其他人密切联系（只有贵族会因为死亡这件小事影响到他和这个社会的联系）。对时间聪明的征服总是对灵魂中自由的部分产生影响。至于神性的方面，它将会使人类精神永存。人就这样，一点一点地从过去的枷锁中挣脱出来，完成对原罪的救赎。

就这样，肉体上的罪恶一点一点地从我们的血液中抽离，就像精神上的罪恶离开我们的灵魂一样。只要人类并不完美的一代又一代人与他们自己不断抗争，哲学就会变得宽容，宗教也会变得慈悲。哲学和宗教都没有权利因为人类的一次精神错乱就将人类全然否定，只因为人类有一次看错视角就将人类罚入地狱。对世界上最强大也是最纯净的生物——人类来说，哲学和宗教引入了黑暗的审讯者、地狱的刽子手，以及撒旦这个怂恿者。恐惧将不会对人类产生影响，因为人类有宽恕就够了。这个被我们称为慈悲的词语——宽恕，它是上帝对人的恩赐。

在"地狱"这个令人恐惧、连人类都不愿意面对其内涵的字眼面前，在既不承认人生中存在宽恕、也不承认人生的希望的这一信仰的专横统治下，人类的良心却觉醒并开始反抗。良知打破了羁绊，击碎了教堂主宰的社会以及象征着对过去的祭奠的、他们父辈的坟墓。良知开始展翅飞翔，或许有时会在航向中迷失方向，但她很快就会找到正确的道路，这一点我们无须担心。

在这里，我又一次离题千里，我本来短暂的人生故事可能会因此变得跟波埃姆国王的七座城堡一样庞大。那好吧，我亲爱的读者们，这对你们的重要意义在哪里呢？我的人生故事本身并非十分有趣。所以在这本书里，关于我人生的那些事实仅仅扮演着一个小角色，而书中更多的，是我的一些反思。在每个人的生命中，没有一个人比我更喜欢做梦，而又极少付诸实践了。当然，我是一个小说家，你们怎么能向一个小说家要求其他的东西呢？

请你们听我说，我的一生，其实也就是你们的人生。因为你们，这些在看我的书的读者们，你们不喜欢世俗熙熙攘攘皆为利益奔走的喧哗，要不然你们不耐烦听我絮絮叨叨了。你们就像我一样，也是一个爱幻想、爱做梦的人。因此，我的人生中那些挡住我前进道路的东西，也会成为你们人生中的绊脚石。就像我一样，为了寻找人生存在的意义，你们已经在人生道路上作了许多探索，而你们也总结出了许多道理。将我在人生中学到的东西和你们所学到的做一个比较和权衡吧，因为只有在经历考验时，真理才会浮现。

我们在人生中每走一步，就停下来一次，以审视自己的每一个想法。在这里，我发现了一个真理，即对家族概念的狂热崇拜是荒谬的，也是危险的。然而在家庭里对家里人同气连枝这一风俗的尊重却是很必要的。在古代的时候，家族扮演了十分重要的角色。之后，这个角色的重要性被无限夸张，贵族们把它转化成一项特权。中世纪时期的大贵族们如此看重他们的世系，如果宗教没有将家族的延续神圣化，他们甚至要轻视上帝！十八世纪的哲学家们削弱了对贵族阶层的崇拜，大革命推翻了贵族统治。然而家族的宗教意味在革命中被保留下来，饱受贵族世袭特权压迫的人们开始习惯认为，自己也是上帝的子民。他们开始自我欺骗，认为自己跟国王有着相同的祖先。每个家庭都是高贵的，都有自己的光荣与头衔：勤劳、勇气、美德或是智慧。每个人都将自己与生俱来的天性归功于继承了其血脉的父亲，或是生育自己的母亲。在他自己家庭的历史中，每个后代，不管是源自哪个血缘世系，都能在前人中找到可以作为自己榜样的人。同样，他也能找到一些负面教材，这些是他要避免重蹈覆辙的。名门望族中充满了类似的经验教训，这对于孩子们来说倒也不失为很好的一课。他们从乳母的口中知道了家族的古老传统，这些传统让年轻的贵族们在城堡深处也能学到宝贵的一课。

手工业者开始理解这个世界，农民也学会了书写，他们并没有忘记自己终有一天会死亡。将父亲的生命延续到儿子身上，要是你们想的话，也可以创造出头衔与勋章。但你们要是打算做，就要把这些所有的都创造出来。作为家族的徽章，砌墙的抹子、十字镐还有砍刀跟号角、城堡和钟楼一样美。你们要想搞贵族那一套也是可以的，你看那些工厂主和金融家，他们不是模仿得有模有样嘛！

当然，你们比上面的那些人更谨慎。你们不断汲取和探寻，不希望将祖父良好的德行与有教益的经验遗忘。因为在他们做出那些丰功伟绩的时候，便以为后代子孙们会对他们加以缅怀和致敬。遗忘是折磨了许许多多代人的愚蠢怪物，多少英雄在历史长河中被人遗忘，只因为他们没有留下让后人永远铭记的东西；多少光明在历史的年轮中被熄灭，只因为贵族们想要成为过去的世纪中唯一的火把和唯一的历史！你们这些人已经知道“现在”的局限性，期望比“现在”更多的东西，请逃脱这个被遗忘的怪圈吧！你们已经理解了生命，拥有了坚定的信念，那么就去书写你们的历史吧！我在这里讲述我自己的故事以及我父母的故事，可不是为了要你们做别的事情的！

弗里德里希·奥古斯特，他是萨克森地区的选帝侯①，也是波兰的国王。他是他那个时代最放荡的人，其不羁程度令人咋舌。

---

① 有权选举神圣罗马帝国皇帝的诸侯及大主教。

身体里流淌着他的血脉可算不上是一件殊荣，因为据说他有上百个私生子女。美丽的柯尼赛格的奥罗尔就是他的情人，这个艳丽的女子既高挑又灵巧，在她面前，就连查理十二世也要退让。甚至有人说，柯尼赛格的奥罗尔比得上一支军队。弗里德里希-奥古斯特跟奥罗尔有一个儿子，尽管只做过法兰西元帅，但这个儿子在爵位头衔上可是远远超过了他。这个儿子便是萨克森的莫里斯，冯特诺尔①战役的胜利者，他和他的父亲一样骁勇善战，也是同样的放荡不羁。他对战争艺术更加精通，得到了很好的辅佐，生活一直很顺遂。

在她早年的日子里，柯尼赛格的奥罗尔捐资修建了一座新教的修道院。这座修道院就是哥德林堡的那个修道院，普鲁士的公主埃梅利之后也成为了这个修道院的女院长。埃梅利是伟大的弗里德里希国王的姐姐，那个著名的不幸之人特伦科男爵的情人。奥罗尔死在了这个修道院里，以后也长眠在此。数年前，一些德国报纸发表文章，说有人挖开了哥德林堡修道院的地下墓室，并且发现了用防腐香料保存完好的、那位女修道院长奥罗尔未被破坏的遗体。她的穿着极尽奢华，锦缎的长袍覆体，还有带着双层貂皮的红色天鹅绒的大衣。然而，在我乡下家中的房间里，有一幅她的画像。画像中的她还很年轻，浑身散发着美丽的光辉。我们可以看到，画中的她为了画这幅肖像，在脸上搽了脂粉。她有着深褐色的头发，这一点在人们印象里的北方美人身上是不常见的。她如墨的长发用红宝石的别针束在脑后，她的额头平坦光

---

① Fontenoy，1745 年 5 月 11 日，萨克森的莫里斯带领法国军队取得了胜利。

滑，长长的辫子垂在胸脯上。她的长裙是金色的锦缎，上面缀满了宝石，红色天鹅绒的大衣上装饰着紫貂皮，这同样的貂皮也覆盖在了她的木棺上。

我承认，我并不喜欢这位果敢的、嘴上挂着微笑的美人。甚至自从我能够追溯到的记忆时起，这幅肖像画就让我感到害怕。记得晚上，画中的眼睛熠熠生辉，就这样将我望着，好像她在对我说："你那可怜的小脑袋在想着什么荒唐的东西呢？你在思考什么关于男女平等的不切实际的幻想？爱情可不像是你想的那样，男人们也永远不会是你希望的那样。上帝创造男人，就是为了让他们被国王愚弄、被女人欺瞒、和被他们自己欺骗的。"

她的画像旁边，是她的儿子萨克森的莫里斯用拉图尔的粉彩笔画出的肖像。画中，他身上的铠甲让人看得眼花缭乱，脸上的颜料有些脱落，那优美健壮的体格好像总是在说："前进！把战鼓擂响！把火药点燃！你们学法语可不是为了进法兰西学院[①]的！"他长得很像他的母亲，但头发是金色的，皮肤也更加细腻。他蓝蓝的眼睛极尽温柔，微笑中透着率真与可爱。

关于他的激情轶事却成为了他荣誉的污点，其中就包括他和伐瓦尔夫人的一段情事。不过，他和伐瓦尔夫人的交往却让他的灵魂更加可触，而让他变得高贵。他的最后几段感情留给了维也尔小姐[②]——唱歌剧的女士。她和她的姐姐生活在一座小房子里，那座房子如今依然存在，就坐落在巴黎新市中心——昂丁路

---

① 法兰西学院，类似于中国的中科院和社科院。

② Mademoiselle Verrieres，她的真名叫（玛丽-林朵）Marie Rinteau，她的姐姐叫 Geneviève。维也尔小姐是她战争时期用的名字。

那里。 维也尔夫人跟莫里斯有一个女儿，这个女儿在十四岁时作为“萨克森将军的女儿”而为世人所知。 之后经过议会的讨论，这个女儿被允许继承她父亲的姓氏。 这个故事作为时代风俗变迁的见证，十分有趣。 下面我就来说说，关于这一话题，我在一本古老的法学著作中读到的：

玛丽·奥罗尔小姐，法国大元帅、萨克森伯爵莫里斯的私生女，在出生接受洗礼的时候，人们称她是巴黎资产家、利维埃的让·巴普蒂斯特和他的妻子玛丽·林朵的女儿。 1766 年 5 月 3 日，奥罗尔小姐到了结婚的年龄，那位孟格拉斯先生被夏特来法庭指定为她的监护人。 那个时候，颁布一个反对的法令是很困难的。 但奥罗尔小姐不愿意成为那个利维埃的先生的女儿，更不愿意认一双从不认识的父母，于是她向法庭提起了诉讼，成为了夏特来法庭的一个上诉人。 法庭指定德婷女士给她辩护，而奥罗尔也提供了完备的证据，有茹尔瓦先生给他作证。 这个茹尔瓦先生曾给她的母亲接生。 还有其他洗礼时的证人，他们都证明，奥罗尔小姐是萨克森伯爵的私生女，而萨克森伯爵始终承认她是他女儿的。 在得知了夏特来法庭一审判决的结果后，马松奈女士作为第一监护人要求重新上诉，和律师若利·德·福勒里的结论相同，他们的上诉导致法庭于 1766 年 6 月 4 日又推翻了之前 5 月 3 日做出的论断。

法律重新进行了修订。 法院的代理人纪罗女士向奥罗尔小姐的监护人颁布了法令：监护萨克森伯爵莫里斯的私生女奥罗尔小姐，将她以上述的条件和环境抚养长大，同时下令禁止旁听。 1748 年 10 月 19 日在圣热尔瓦和圣普罗泰教区的洗礼在文献中这样记载，玛丽·奥罗尔，女孩儿，在上述日期由苏尔第侯爵、安东尼·亚历山大·科尔贝以及格尼薇尔·林朵[①]进行洗礼。格尼薇尔是仪式的主持人，也是玛丽·奥罗尔小姐的教母。奥罗尔小姐将不再使用“巴黎的资产家、利维埃的让·巴普蒂斯特和他的妻子玛丽·林朵的女儿”这个名字，而将被叫作“玛丽·奥罗尔”。同时加上以下的话——法兰西大元帅、萨克森伯爵莫里斯和玛丽·林朵的私生女，这是法院的执达员记述的。[②]

奥罗尔小姐，也就是我的祖母，她可以在公众面前提出的另外一个不容置疑的证据是，她和这位萨克森元帅之间明显相似的模样，而且，她曾被奥古斯特国王的女儿、法兰西的太子妃、也就是元帅的侄女亲自安排在某个地方长大。这位元帅的侄女同时也是查理十世和路易十三的母亲，她将奥罗尔小姐安排在圣希尔，并承担起教育她的责任和安排她婚姻的义务，并禁止她探望自己的母亲。

到了十四岁的时候，萨克森的奥罗尔离开圣希尔，嫁给了路易十五的私生子奥尔伯爵[③]——斯克莱斯特[④]国王的中尉。在他们结婚的前一天，她才第一次见到他。她心里怀着极大的恐惧，好像看到已故的的国王从画像中走了出来，因为奥尔伯爵和他的父亲长得实在是惊人的相似。只不过，他更高一点，也更漂亮一

① Geneviève Rinteau，即上文所说的，玛丽·奥罗尔小姐的母亲，玛丽·林朵的姐姐。

② 【作者注】这一法律文件取自德尼撒编写的《法律时事丛书》第三卷第704页，德尼撒是巴黎夏特来地区的法庭代表。

③ 【作者注】梅西尔·安东尼·奥尔

④ Schlestadt，德国地名。

些。然而，他看起来既坚毅又孤僻。结婚的那天，修道院院长、我的叔叔博蒙也来参加婚礼，他是布雍公爵和“维也尔小姐”的儿子。晚上，忠心的贴身仆人告诉年轻的修道院院长，而后者那个时候还只是个孩子，仆人让院长想尽一切可能的办法阻止年轻的伯爵夫人和丈夫过夜。因为奥尔伯爵曾就此事咨询过医生，他自己也是个通情达理的人。

最终的结果是，萨克森的奥罗尔仅仅是她第一任丈夫名义上的配偶。在那个王公贵族的宴会上，他们才在阿尔萨斯见了第一面：彼时那里有军队驻防，加农炮的声音不断回响，灯火辉煌的市政厅里举行了盛大的舞会，代表城里的执政官在金色的讲台上发表演说。我所知道的情况是什么呢，所有虚荣的嘈杂喧嚣好像都在同情这个可怜的女孩，她嫁给了一个自己不爱的男人。她甚至不认识这个男人，这个她本来应该像躲避死亡一样躲着的男人。

我的祖母常常跟我讲述她对那个男人的印象。那个时候她刚从修道院出来，就到了那个盛大的欢迎宴会上。她踏上了一辆华丽的金色四轮马车，马车由四匹白马拉着。她的丈夫骑在马上，身上穿着漂亮流苏装饰的礼服。加农炮的声音让奥罗尔心里很害怕，丈夫的声音也是如此。只有一件事情让她很兴奋，那就是得到了国王的允许，被人带着去签署一份对囚犯的赦免文件。很快，有二十多个囚犯从王国监狱里被释放出来，并对她表示感激。她开始抽泣，或许是她感受到了天真的喜悦，正如她自己后来在热月[1]的 9 号从监狱里出来对上帝的感激一般。

然而在她到达阿尔萨斯仅仅几周之后，一天晚上，在一个盛大的舞会中，她的丈夫总督先生不见了。当清晨三点时，她还在跳舞，有人前来向她低声通报说，她的丈夫想要自己一个人待一会儿。她把那人打发走了，但在她回到房间，想进入伯爵的卧室时，却被禁止进入。她记得那个做修道院院长的兄弟曾再三地劝告她，不要一个人进入卧室。当卧室的门打开时，她鼓起勇气，看到屋里亮堂堂的。在里面的还是那个在新婚之日跟她说过话的贴身仆人，而此时，他正用胳膊扶着奥尔伯爵。他把他放在床上，并展开了他的身体，一位医生正在旁边候着。"伯爵先生没有对夫人说任何话，"当仆人看到我的祖母进来的时候对她说，"夫人，您还是先出去吧。"她只看到伯爵的大手颜色惨白，垂在床边又被人快速地提了上来，好让尸体的姿势显得体面些。刚刚在一场盛大的剑术决斗中，奥尔伯爵被人杀死了。

我的祖母什么都不知道，她只能够默默承担，活着或是死了，她都得承受着一切的恐惧。

我觉得，如果我没有猜错的话，在那个时候，太子妃仍然还活着，并且把玛丽·奥罗尔——我的祖母安置在一个修道院里长大。而在不久以后，祖母终于恢复了自由，并且可以去探望她的母亲。她一直深爱着她的母亲，她的母亲也一直很照顾她。[2]

这两位维也尔小姐，我的祖母和她的母亲一直安逸地生活在

---

① 法国的月份表示方法。

② 【作者注】太子妃死于 1767 年，是以我的祖母有之后的十九年的时间和自己的母亲生活在一起。

一起，甚至还很讲究生活的排场。尽管在她们的生命里有过许多遗憾，而且年纪都不小了，但她们依旧美丽。我的曾祖母是世界上最聪慧、最可亲的人，不过她也有傻傻的一面，真不知道她是继承了谁的个性。要是有人说她是个美丽的傻瓜，我一定举双手赞成。

她们生活得非常惬意，没有忧愁。她们那个时代没有太多的礼教束缚，因此她们可以自由地发展对艺术的兴趣，就像人们说的，追逐心中的缪斯女神。她们在家里表演戏剧，德拉普先生在那里演出他尚未出版的剧作。我的祖母奥罗尔在剧中扮演梅兰妮的角色，并受到追捧。她们沉溺在文学和音乐中。奥罗尔是个天使般的美人儿，她很有智慧，接受过良好的教育，能够和那个时代最光辉的精神相媲美，她的智慧和思想在不断的社交、谈话以及她母亲的熏陶中变得愈发迷人。另外，她还有着非常迷人的嗓音，我没有见过比她更杰出的音乐家了。我想，她这份音乐和戏剧方面的天赋是遗传自她的母亲，这位“歌剧夫人”。她就像《村子里的预言者》中的科莱特，就像《荒原》里的阿泽米娅，就像所有格莱里的歌剧和苏丹那的戏剧中的主角。在她年老的时候，我曾上百次听到她唱那些意大利大师的经典曲目，这些都是她生来就一直接触的。那些大师有雷欧、波博尔、安斯、伯格莱斯等等。在演唱的时候，她双手平放，只留两三根指头放在那架古老而漂亮的羽管键琴上用以伴奏。她的声音有些颤抖，但总是十分的婉转悠扬，音调精准且歌唱的方法很正确。她把所有的乐谱摊开，看着乐谱，我再没听过比这更美的演唱和伴奏了。她一直用这种方式唱歌，中规中矩，有着对音乐的纯净品味和现代人已经不会、甚至不知道的精确辨音。在我小的时候，她让我跟着她念一首简短的意大利小二重唱，我不知道作者是谁：

Non mi dir，bel ido mio，

Non mi dir ch'io son ingrate.

尽管已经六十五岁了，她唱男高音的部分听起来依旧高亢激昂，十分具有表现力。甚至有一次，在那短暂的瞬间，我听着听着都哭了。这是我对音乐的第一印象，也是我一生珍藏的财富。现在，我要把话题拉回来，讲述我亲爱的奶奶年轻时期的故事。

在所有经常出入她母亲家里的著名人物中，她格外留意到布丰。在跟布丰交往中，她觉得布丰很有魅力，而这个印象长期存留在脑际。那个时代，他一生的经历十分迷人，并且成就斐然。她从他那里，了解到友情和爱情的真谛。我看到过许多用枯燥诗句写下的情书，都是那个时代最伟大的头脑写给她的。其中一封来自德拉普，是这样写的：

为了讨您的欢心，我甘愿将《恺撒》一书放到您的脚下！[①]

请收下这份友谊的馈赠吧，

但不要对我说爱情……

我怕，您只是在对我撒谎！

---

① 【作者注】德拉普曾经把《苏埃东的十二个恺撒》翻译出来，并送给了玛丽·奥罗尔。

这是所有写给我祖母的奉承话中的一封。祖母奥罗尔在这个充满诱惑的世界中走过，她的一生得到过许多人的尊敬。然而，除了在艺术上的追求和对精神世界的耕耘外，她却从来不要求别的什么。除了母爱，她并不追寻任何激情，更不知道何谓艳遇。她有着自然、温柔、慷慨的天性，而且心思纤细敏感。让她拒绝这些诱惑的，并不是她对宗教的笃信。在十八世纪的法国，她深受让-雅克·卢梭和伏尔泰自然神论思想的影响。她拒绝诱惑，是因为她有着坚定而充满远见的灵魂，她有着骄傲的理想和对自己的尊重。她无视那些殷勤奉承，她不需要它们，这些诱惑会腐蚀她的思想并有损她的尊严。她的一生，走过了那个极度自由的世纪，尽管世界的旧秩序已经崩坏，她仍出淤泥而不染。由于命运的安排，她在婚姻中没能寻觅到爱情，她便不去想这个问题，一直平静地生活，以躲避所有的恶意与诽谤。

就我知道的而言，当她母亲去世的时候，她大约二十五岁。维也尔女士是在一个晚上离开人世的。那个时候，她正准备上床睡觉。她并没有怨恨这个世界，也没有自怨自艾，仅仅是双脚有些发冷。她坐在炉子旁边，当她的贴身女仆帮她烘拖鞋的时候，她就悄悄地离开了这个世界。没有留下只言片语，甚至没有粗重的喘息。当女仆给她穿鞋的时候，女仆问她，是不是感觉暖和一些了，她没有回答。女仆看着她的面庞，才发现，死亡的睡意已经让她的双眼永远地闭上了。我觉得，那个时候，在她的天性中，心境与生活习惯达到了和谐的统一。在她身上，所有的一切，甚至死亡，都是亲切且自在的。

我的祖母奥罗尔又回到了修道院。修道院的用处就是，当有女孩或者年轻的寡妇失去了父母，或者失去其他能够引导她们如何生活的人时，修道院就能够给她们提供指引。在这里，她平静地接受了旁人的教导，仍然保持着优雅的举止。她在修道院接待来访的客人，有时她早上会出去，戴着一顶得体的帽子，晚上也是如此。这是在小心地提防那些恶意造谣中伤的人，也是她自己的一种品味。

我的祖母拥有高雅严肃的品味和有规律的生活习惯。对她来说，这种归隐是有益的，并且非常珍贵。她能够在这里安静地阅读，阅读那些堆积成卷的著作，在上面作批注，这些书到现在还在我这里。对我来说，它们是祖母精神上的孤独和良好时间安排的见证。她的母亲只给她留下了几件旧衣服，和两三幅家族的画像。其中有柯尼赛格的奥罗尔，这幅画像被萨克森的大元帅单独放在她这里。她还有许多情诗，一些她的文学家朋友们写的未发表过的诗句（那些尚未发表过的诗句其实对人很有教益），最后还有元帅的印章和他的鼻烟壶。那个鼻烟壶至今还在我这里，做工非常精美。至于她的屋子、她的剧院、和她那些作为一个有魅力的女人应该拥有的一切东西，可以肯定的是，这些东西的主人本来准备将它们全部抛弃，但直到她宁静无忧的生命的最后一刻，她也没有这样做。因为她知道，凭借自己受过的良好教育，她不会因为这一两件东西就迷失人生的方向。事实上，曾经拥有过这些东西的主人们，无一例外的，都有着良好的出身和教养。我的祖母没有任何的烦恼，但她觉得，自己生活在太子妃曾经设置的小监狱之内，如同囚徒一般，在这个监狱里甚至没有一天晴朗的日子。就是在这个时候，她写了一封信给伏尔泰，伏尔泰很快给她写了一封热情洋溢的回信。[①]

然而，看起来，伏尔泰的来信并没有奏效。因为我祖母奥罗拉到了三十岁年纪的时候，最终决定嫁给杜邦·德·弗朗科尔先生，也就是我的祖父。那个时候，他已经六十二岁了。

杜邦·德·弗朗科尔先生，就是让-雅克·卢梭在他的回忆录中写到的那个杜邦·德·弗朗科尔。在埃比奈夫人的书信集中，她仅仅把他简称为弗朗科尔先生，把他描写成一个既有魅力，又

---

① 【作者注】下面是我祖母信中的内容，还有伏尔泰给她的回复：

写给伏尔泰先生：

这是在冯特诺尔唱诗班，萨克森大元帅的女儿给您写下这封信。您可能也知道我，在我父亲去世以后，太子妃夫人一直负责着我的教育。后来，她把我接到了圣希尔，把我嫁给了奥尔伯爵——圣路易的骑士，拉威尔王国的中尉。在我的嫁妆方面，我带去了斯克莱斯特王国的一块属地。我丈夫到达的时候，一场宴会正在进行，这场宴会是给我和他举办的。之后，我的丈夫突然死了，之后相继的，死亡也带走了其他可以庇护我的人：王太子，太子妃……

萨克森伯爵领导的伟大的冯特诺尔战役、罗高大捷还有拉斐尔德的胜利渐渐被人遗忘，我也逐渐被人淡忘了。我常常想，那些使我父亲创下的卓越功绩变得不朽的东西，会不会对这父亲的女儿也有影响。他有义务抚养英雄的后代，同时成为我的依靠，就如同他成为那位伟大的高乃依的女儿的依靠一般。您为苦难根源的辩护似乎很有说服力，您在人的心底看到了怜悯之情的呼喊，您对我的认识产生了很大影响。我尊敬您，仰慕您，为您无与伦比的高尚天才。

1768年8月24日。

回信。

夫人：

不久之后，我便会离开人世，和您英雄的父亲重逢。那时，我会怀着尊敬的心情，向他讲述他女儿的情况。我曾经很荣幸，能够和您的父亲一起生活过很长的一段时间，他待我很好。在我这把年纪的时候，看到这位法兰西英雄的女儿在法国生活得不幸福，这使我十分心痛。如果现在我在您的身旁，我将会去拜访舒尔索公爵夫人，凭借着我的名字，应该能敲开她的大门。舒尔索公爵夫人有着十分正直的灵魂，她高贵而又乐善好施，不会放弃这个做好事的机会。这是我能给您推荐的最好的能够帮人提建议的人，而且我很确信，只要您和她聊一聊，必定会纾解您心头的苦恼。或许，夫人，您对我的推崇太言过其实了。但当您想到我只是一个垂死的老人，这个人曾经被这个世界迫害，将很快与世长辞，就会知道我这个老家伙是很乐意为萨克森元帅的女儿效劳的。您可以信任我，给我写信，对于一个如此伟大的人的女儿，我一定愿意给您回信的。

致以最崇高的敬意，夫人，我将是您最卑微最忠诚的仆人。

伏尔泰。

1768年8月27日，于费尔南城堡。

成就斐然的人，就像上个世纪的人们常常认为的那样。他并没有很高的贵族爵位，他的父亲杜邦先生是一个大农场主，因为经济方面的原因离开了军队。他本人是在做税务员的时候和我祖母结婚的。这是一个十分团结且古老的家庭，有着四页纸的族谱，上面完整地列着宗族世系，并且绘着家族纹章，还有一些古旧的、不易辨认的笔迹，上面的颜色也很漂亮。不管怎样，在决定开始这段婚姻之前，我的祖母犹豫了很长一段时间。不仅仅是因为考虑到杜邦先生的年纪——尽管这是主要的阻碍。

而且我祖母身边的人觉得，对于我的祖母萨克森小姐，同时也是奥尔伯爵夫人来说，杜邦·德·弗朗科尔先生实在只是个小人物。不过最终，在杜邦·德·弗朗科尔先生的巨额财富面前，先入为主的偏见瞬间消失得无影无踪。在那个时代，杜邦先生是一个很富有的人。对于我的祖母来说，她最大的烦恼，就是在一生最美好的年纪，被禁锢在冰冷的修道院里。财富对我的祖母并没有很大的吸引力，相比而言，祖父这个年长的爱慕者表现出来的体贴、魅力、广博的思想与亲和的性格更能打动她的芳心。在开始的两三年里，祖母并没有接受这个追求者。其间，祖父没有一天不跑到祖母的会客室来，跟祖母闲谈。最终，祖母接受了祖父的求爱，成为了杜邦夫人。①

祖母她常常跟我谈论起这段婚姻，长久以来，这段婚姻在她的心头占据了十分重要的位置。她也常常跟我讲起这位祖父，尽

① 不过，貌似那个时候有许多反对两人结合的声音。我不知道反对的人是来自哪一方，不过他们俩最后是在法国驻英国大使馆的小教堂里结的婚，并且之后才在巴黎被正式批准，能够结为夫妇。

管我从未见过他。她跟我说，他们在一起生活了十年，他和她的儿子是她一生中最在乎的人。尽管她从不说出“爱”这个字眼，我也从来没有从她嘴里听到过这个字。然而当她对我说，在我看来，爱上一个年长的人是不可能的时候，她的脸上却挂着一抹幸福的笑容。她说：“其实，一个年纪大的人要比一个年轻人爱得更深，同时一个人很难拒绝另一个全心全意爱着自己的人。我把他叫作‘我的老丈夫’或是‘我的父亲’，他也愿意被我这样叫着，并且把我称作是他的女儿，甚至在公共场合也不改口。”

“而且啊，”她继续补充道，“在那个时候，我们根本感觉不到年岁的存在！是大革命让人意识到衰老！我的小孙女儿，你的祖父也曾经年轻过，那个时候的他英俊优雅、仪表堂堂、和蔼可亲，他身上喷着精致的香水，风度翩翩，终日十分快活。他风流多情，有着一贯的幽默风趣。然而，在他年轻的时候，他太过随和，却少了一分生命的平静。若是我那个时候和他在一起，恐怕就不会那么快乐了，因为他或许会常常与我争辩。我确信，我和他生活在一起的那段日子，是他生命里最美好的一段时光。因为，一个年轻男子是不可能给一个年轻女子像我一样那么多的幸福的。我们俩生活在一起，一刻也离不开彼此，我在他身边，从来没有烦恼。他的思想就像百科全书一般广博，他的智慧，他的天才，都毫无保留地交给了我，并且从不枯竭。他总是知道，怎样处理人际关系，怎样才能让别人和自己都能感到愉快。

有一天，他跟我一起演奏音乐。他的小提琴拉得很好，又因为他是个弦乐器商人，所以他的琴也是自己做的。他还是个钟表匠、一个建筑师、一名镟工、一位画师、锁匠、布景师、厨子、诗人、作曲家、银匠，同时，他还精通刺绣。我甚至不知道，有什么是他不会做的。然而不幸的是，为了这许多样的天才工作，为了尝试不同的可能性，他几乎花光了所有的钱。不过，我在这里只看到了他的热情。这样看来，我们俩恐怕是这个世界上最快活的破产者了。晚上的时候，如果我们没有在举行宴会，他便会在我身旁画画，而我便在一旁拆除衣服上的金线。我们互相给对方读书，轮流读着书中的句子。又或者有朋友前来拜访，在随意的聊天中，欣赏他细腻而又广博的思想。在这些访客中，有我许多嫁得很风光的女性朋友，不过她们是不会轻易说出自己对我这位“老丈夫”的羡慕的。”

“这就是在那个时代我们是怎样生活的，”她继续说，“那个时候，我们没有令人讨厌的弱点。要是我们得了痛风，也会像正常人一样行走，而不会做出痛苦的表情。因为接受过良好的教育，我们懂得将自己承受的痛苦掩藏起来。这些对痛苦的忧心和过度关注只会让我们变得娇气，并且会让人思维迟钝。在还没有破产的时候，我们就已经察觉到了破产的预兆。就像是赌场上的老手一般，即使输了牌，也不会变得忧心忡忡或是忿忿不平。我们就像是狩猎中跑在死亡路上的猎物一般，懂得相比于死在床榻上，被穿着黑衣脸色难看的人围着，周边还有四只祈祷用的大蜡烛，能够死在一场盛大的舞会上，或是死在一场戏剧的高潮，才是人生最好的归宿。我们就像是哲学家，虽然有时候过着不为人知的简朴生活，我们却从不崇尚苦修。有时候我们显得很谨慎智慧，这只是由于习惯的选择，而不是照搬书本的知识或是假装正经。我们享受人生，当我们自己的生命逝去的时候，我们也不会去打搅其他人的生活。在我丈夫去世前的最后一刻，他嘱咐我要坚强而长久地活下去，要幸福地活着。比起他那颗慷慨的心，他这种体贴别人的方式更让人久久不能遗忘。”

的确如此，我的祖母她对于财富、对于独立、忍耐和礼貌都有一套自己的哲学，这套哲学十分讨人喜欢而又充满了吸引力。然而，那时候，她每年需要五六千块钱的年金才能够支撑日常的花销。而且，我不知道，在她日后所受到的苦难和迫害中，她是不是又学到了新的什么。

这套哲学在大革命之后却不再合时宜了。过去的一切让人感到快活的事情，如今只剩下走上断头台前优雅的步伐——诚然这优雅仍旧十分让人欣羡。不过，旧日的贵族们所能表现出来的最后一件勇敢的举动，便是他们对无趣的新生活的厌弃，以及对新的社会秩序、公民权利和娱乐方式的恐惧。这新的社会秩序是他们必须承认的，至少在原则上他们要承认这秩序。

在我越扯越远之前，我想要跟你们谈谈杜邦先生家族里那幅画像。那幅画像很正式，画像上的人物也是根据真实的人来描绘的。不过，无论是我的祖父还是我，都没有从画中人物上继承她的荣誉和血脉。画上的人是杜邦·德·舍农索夫人，我却跟她没有一点血缘上的联系，因为她是那位农场主杜邦先生的第二任妻子，因而也就是杜邦·德·弗朗科尔先生的继母。不过，这并不是我将她略过不讲的理由。除了她拥有的卓越声望、迷人魅力以及她同时代的人对她的颂扬，我还要好好地讲一讲这位杰出的女性在法国文学史上无与伦比的地位。

她曾经是德·枫丹小姐，是萨缪尔·伯纳德的女儿，曾经和让-雅克·卢梭有过来往。她在嫁进杜邦先生家里时，带来了一大批丰厚的嫁妆，其中就包括这座舍农索城堡。可以确信的是，她跟他的丈夫杜邦先生两人拥有一笔巨额财富。在巴黎，作为临时的落脚点，兰博尔府邸也为他二人拥有。可以说，他们两个拥有了世界上最漂亮的两处寓所。

我们知道，让-雅克·卢梭是怎样成为杜邦先生的秘书，并且和杜邦夫妇一起居住在舍农索城堡里的。人们也了解他是如何变成了杜邦夫人爱慕的对象并起草了那份并不成功的宣言的。杜邦夫人十分美丽，就像天使一般，而卢梭在后来很长一段日子里跟她保持了亲密的友谊，并且与她的继子弗朗科尔·杜邦先生有着友好的来往。

杜邦夫人喜欢写作，并且热爱哲学，但她从不卖弄，也不会将自己的名字加到丈夫杜邦先生的著述中去。尽管我可以确信，那其中有她一大部分功劳，很多内容都是她独到的见解。他们把对自然法则的广泛批评写成了一本书，可这本书却不为人知也不为人重视。虽然这本书在名声上比不上孟德斯鸠的著作，但在内容上，它的思想却更加深刻。在这本书里，他们表达了超出时代能够接受的范围的更加先进的思想。然而，这本书却比不上孟德斯鸠的天才著作——因为后者关注的是那个时代当下的潮流趋势以及政治问题。

杜邦先生和杜邦夫人曾经致力于一本有关女性价值的书的创作。那个时候，让-雅克·卢梭正好跟他们生活在一起，他就帮他们做笔记，同时帮他们做一些研究工作。他为这部书提供了很丰富的资料，这些资料都是从舍农索城堡里的手抄本中搜集到的。然而后来，随着杜邦先生的辞世，杜邦夫人出于谦逊的品格，再也没有出版这本书。她的观点总结起来可以这样说，这本书是她亲手写就的，仅仅冠以《随笔》这个朴素的名字。这本书里记载了历史事实，其中还有一些关于这个世纪的哲学思考。在以后的哪一天，这本书还是值得一读的。这个可爱的女士出生于那个时代一个思想活跃的家庭，她没有将自己思想的火花展现出来，并不断发展，这十分令人惋惜。

她是她那个时代的人里思想最前卫的，这也将她跟其他同时代的哲学家们区分开来，让我们看到她十分独特而又创新的一面。她绝不是让-雅克·卢梭的门徒，她没有卢梭那样的天才，不过，卢梭也不曾拥有她灵魂中的坚强力量和那股冲劲儿。她的心里有一套自己的准则，这准则果敢豪放，也更有深度。它揭露了人性中长久存在的那些东西，在十八世纪的那个时候，提出这样的准则是非常前卫的。对于卢梭这位以离经叛道而著称的老者，对于这位不完全的、缺少表述自己理论才能的天才来说，她既是朋友，也是学生，还是老师（或许吧，谁知道呢？）。我觉得，在内心深处的层面，她更多的是受到了上帝的指引，而非是伏尔泰、埃尔维修、卢梭的影响。在这里我要提到圣·皮埃尔修士，他是一位非常著名的天主教教士，不过讽刺的是，现在已经没有几个人还记得他了。

他才华横溢，不幸的是，他缺少将天才的灵感表达出来的能力。要不是后人从普拉东的著述中找到只言片语，人们就很难再寻觅到这位伟大思想家的卓越才华。他的思想在当时如同无尽暗夜里的一道白光，却最终将所有的智慧带进了坟墓，就如同在

《无知的沉思》一书中，和他一样不善于表达的杰欧福尔·圣·希拉尔所说的那样。

看起来，他们这类人在语言表达上的缺陷是致命的。与此同时，那些拥有最光鲜外表、善于表达的人却往往是一些见识短浅且在感情上无动于衷的人。对我而言，我非常理解杜邦夫人更倾向于圣·皮埃尔教士的乌托邦思想，而不是孟德斯鸠那种对于英国人的盲目崇拜。跟这位思想活跃的杜邦女士相比，我们伟大的卢梭就显得有些缺乏勇气，而且精神也不够自由。他接受了杜邦夫人给他的任务，总结圣·皮埃尔教士和多教区理论中倡导的永恒和平，将圣·皮埃尔教士的思想用流畅且容易被人接受的语言传达出来。但卢梭同时承认，自己曾经想过应该将作者最大胆的想法表达出来，而那些有勇气接受的读者们将在圣·皮埃尔教士的思想中汲取他们需要的东西。

我承认，我不是很喜欢卢梭在谈论圣·皮埃尔教士的乌托邦思想时，流露出的讽刺论调，以及他认为的，在那个时代圣·皮埃尔教士的思想需要用婉转的语言掩饰的观点。再者说，他所谓的掩饰，也太过熟稔，或者说是太过笨拙了。你可以说，卢梭的讽刺并不是那么的明显，然而由于掩饰，思想就会失去它的力度，乔装过后，思想反而失去了原本的严谨性，并且原本的努力也将付诸东流。在卢梭对舍农索女主人杜邦夫人做出的所有评论中，并不存在什么一致性或是连结性。在他生活的那个时代，对于迫害的厌恶多多少少在他的身上留下了印记，他将这个时代称作伟人的时代，也称作是可怜人的时代。在《忏悔录》中的几处，我们可以看到，当他提及自己曾经爱慕过杜邦夫人的时候，是有些脸红的。不过，要是他真的这样想，可就大错特错了。只是因为一个人缺少天分，我们并不能指责他是一个可怜人。天才来自于一个人的内心，而不会仅仅停留在一个人的外表。再说了，在那个时代对一个人最主要的批评，就是说他不够实际，不会变通，妄想社会改革真的成为现实。然而在我看来，梦想家一般比与他同时代的那些普通人看得更透彻，同时也更接近革命制宪的思想，甚至他已经懂得了现在被我们称之为“人道主义”的思想。这一点远远超出孟德斯鸠，以及他的继任者卢梭、狄德罗、伏尔泰、埃尔维修等人的。

正因为在圣·皮埃尔教士的思想中存在着如此广阔的天地，而且在他纷繁复杂的思想中，我们发现了不同思想交织混杂在一起的情况，每一种都在这个伟大的人身上得到了印证。能够确信的是，圣·西蒙的思想就来源于他，而他的学生杜邦夫人和杜邦先生在《精神法则批评》一书中，公开表达了妇女解放的思想。这百年以来政府颁布的公文，以及欧洲颁布的主要法案，还有参议院被称之为盟军的组织，他们都从圣·皮埃尔同侪的智慧和信念中借得灵感（虽然所谓的“同侪”可能只是一些骗子），运用到建设政府的理论中去。说到圣·皮埃尔教士倡导的永恒和平的哲学理论，它是当时哲学流派中最前卫的思想。

在今天，认为圣·皮埃尔教士的思想荒谬的种种看法才是最荒谬的，更不用提那些对他毫无敬意甚至中伤诽谤的家伙了。正因为有他，知识才得以传之后代，这是一件比他本人更伟大、更值得称道的事情。

舍农索城堡的杜邦夫人对这个人有着宗教上的热爱，她分享着他的思想，同时悉心照料着他，延缓了他衰老的到来，让他在舍农索城堡度过了生命中最后一段时光。在那间圣·皮埃尔教士去世的房间里，我看到一幅年代久远的他的肖像画。画上，他有着俊美的外表，兼具温柔刚毅，长相和弗朗索瓦·阿拉戈[①]有着某种程度上的相似。可他的表情又全然不同，从画上，我们已经可以看出这位教士深受病痛的折磨，他深陷的双眼仿佛预示着死亡的到来，多年的风霜已然让他的双颊变得苍白。[②]

舍农索城堡里还留存着杜邦夫人的手稿，这些手稿上的语句虽然简短，但字里行间充满了明白晓畅的思想和高尚的情感。总的来说，这是一些零散的灵感，但灵感之间的逻辑是十分清晰的。其中有一篇小短文写到"幸福"，尽管只有几页，在我看来却是一篇杰作。我们要是想明白杜邦夫人作品中表达的哲学内涵，只需要将她文中的一些词语稍微转换一下。"每个人在追求幸福时候都有着相同的权利。"这是转换过后的一句话，而在原来的文本中，杜邦夫人写的是"每个人在追求愉悦的时候都有着相同的权利。"但要想表达在摄政时期[③]一个人的思想，用"愉悦"这个词是不合适的，因为这个词常常有着贬义的色彩。"愉悦"最根本的意思其实是指肉体上的满足，生活上的享乐主义，就像我们今天许多人认为的那样。作品的标题，以及标题想表达的纯洁而

---

① François Arago（1786～1853），法国物理学家，天文学家。

② 【作者注】我要承认，在这里，我犯了一个小错误。我的表兄维尔努伍先生是舍农索城堡的继承人，他十分知晓杜邦夫人的一些事情。他对我说，圣·皮埃尔教士其实是在巴黎去世的，不过他在去世前重病时期的确在舍农索城堡度过了一段时光。

③ 摄政时期，指法国在1715～1723年，奥尔良公爵摄政。

严肃的思想，都告诉我们，“幸福”才是杜邦夫人想要表达的意思。她还说“愿每人追求其所求”，我觉得这是一种十分先进的观点，甚至放在今天来看，这观点也是先进的，它广泛地存在于我们的思想家和政治家的脑海里，它赐给了著名的历史学家路易·布朗以勇气，将自己的学说宣告于世并不断发扬光大。①

杜邦夫人就是这样美丽迷人，心思单纯，却又冷静强大，她在很早的时候就在舍农索城堡里走过了人生最后一段道路。她的文字如同她的灵魂一般澄澈而细腻，如同她面部的线条一般温和新鲜。这便是她的风格，后人对她文章的修改，一点也不符合她原本的风格。她的写作，用的是她那个时代的语言，然而她既有孟德斯鸠的写作技巧，又有贝里的俏皮风格，读者们可以领略到。与此同时，她不畏权威，从不受老一辈作家们成规的桎梏。她没有拘泥于前人的限制，而是领会了前人写作的经验，就像一个勤恳工作的胃，从有益的食物中不断吸收营养。

还值得称赞的是，在由于卢梭那折磨人的衰老而被他忽略或臆断的所有朋友中，杜邦夫人或许是唯一一个被他在《忏悔录》中公正刻画的人。在《忏悔录》中，卢梭大方地承认了她所拥有的善行。她确实是一个无可挑剔的人，她对每个人都很好，也受到了人们发自内心的敬重。在革命的风暴席卷了舍农索王室城堡的时候，城堡里这位老夫人，甚至是庄园里的白马也依然得到人们的尊重。在城堡充公的时候，所有严苛的手段在她的仁慈面前，也必须退让。她死后的墓地简单而又得体，就在舍农索公园

① 【作者注】我在写这个部分的时候是1847年的7月，或许，我的这本反抗社会的回忆录的出版，也会唤起一些思想家的勇气吧。

忧郁又清凉的树荫底。游人们怀着宗教般虔诚的心情，将柏树的叶子拾起，不为别的原因，只为向这位夫人表达敬意。这个品德高尚的女人曾经被卢梭深深爱慕过，而您知道，她值得更多的尊敬。在那个时代，她悉心照料年老的圣·皮埃尔教士，她曾经是这位可敬老人的门生。她在丈夫的研究领域给予他灵感，而她丈夫关注的，正是和她一样的女性的幸福。我们应该向她致以敬意，为了她悲天悯人的博爱，更为了她谦逊的智慧。其实，她还拥有更多，她美丽又能干，她懂得，人人皆有追求幸福的权利。她就如同王妃一般美丽，如同女神一般智慧，如同一个真正的哲学家一样耀眼，如同天使一般善良！向她致敬吧！

这个世界上有些事情常常自然而然就发生了，这就是美好缘分的开始。同样，一段被诽谤污蔑的高尚友谊让弗朗科尔·杜邦先生和他的继母杜邦夫人走到了一起。的确，我的祖母奥罗尔对她的老丈夫怀有的不仅仅是爱慕和尊重，与两位婆婆也就是两任杜邦夫人的交往给她留下了深刻影响。在一个男人的灵魂领域，女人对他的影响往往要大于其他男人的影响。也正因为如此，应该对他们说：告诉我谁是你爱的人，我就会告诉你，你是一个什么样的人。一个男人在一个蔑视女性的社会中，往往比在纯粹的男性社会里生活得更舒适，但是在上帝面前，在公正的审判面前，对女性的蔑视往往是不利的。在这里，我可能要为自己的离题找一下借口，因为我想引用我曾祖父杜邦先生的几句话，用以表达男人和女人在上帝和自然面前是平等的。不过，我还是暂且按下不表，先回到我自己人生的讲述中来。

第三章

既然我在前文谈到了让-雅克·卢梭和我的祖父，在这里，我要讲一则轶事，这个故事是从我的祖母奥罗尔·杜邦·德·弗朗科尔的手稿中看到的。

“我只见过他（卢梭）一次，但是那一次给我留下了深刻印象，让我难以忘怀。那个时候，他已经远离尘嚣，过起了离群索居的隐士生活。由于他那些懒惰而浅薄的‘朋友’对他的残酷攻讦，他变得有些愤世嫉俗。”

“自从我结婚以后，我就不停地缠着我的丈夫弗朗科尔先生，希望他能多关注我一些，不过我们之间的相处并不是那么惬意，有好多次他来看我，却吃了闭门羹。最后有一天，他来找我的时候，碰巧看到卢梭站在窗口用碎面包屑喂麻雀。他从卢梭的眼神里看到了深深的忧郁，他甚至看到卢梭对着飞起的鸟儿说：‘就这样飞走，看来是吃饱了。’不过你们知道他们俩后来去干了什么吗？他们竟然爬到了最高的房顶上，讲我的坏话。看来我辛辛苦苦做出来的面包没有唤起他们一丝丝的感恩之心。”

“在我见到卢逡之前，我刚刚一口气读完了他写的《新爱洛伊斯》。 在看到最后两页的时候，我被深深地震惊了，止不住地抽泣。 我的丈夫弗朗科尔先生想用轻松的玩笑来宽慰我，我自己也希望能破涕为笑，可是那一天，从早晨到晚上，我就是止不住地哭泣。 我不停地想着书里小茱莉的死，感到十分苦恼，我觉得自己一定是哭花了脸。”

“在那个时候，我的丈夫弗朗科尔先生用他幽默的谈吐和优雅的风度将卢梭请到了我们家里来。 我不知道他跟卢梭说了什么，不过他最后还是将卢梭请了过来。 在请之前，他一点儿也没向我透露自己的这个意图。”

“卢梭表现得很有风度，他既不打听我的年龄，也不询问关于我的事情，而只是坐在那里，打算满足我作为女性的好奇心。 不过在我看来，他可不是心甘情愿地等着我跟他说话的。”

“没有人通知我说卢梭已经到了，我还在不紧不慢地梳妆。我的朋友，洛桑的德斯巴尔贝夫人陪着我。 德斯巴尔贝夫人是这个世界上最可亲的女性，尽管她患有斜视，而且身材有些畸形，她仍旧是最漂亮的女人。 她边笑边发出尖叫声，因为她在给我递发带的时候，碰巧看到了一个巨大而丑陋的人手骨架。 她嘲笑我说，自从我学了骨科以后，整个人都不正常了。”

“有两三次，我的丈夫弗朗科尔先生进来看我是否梳妆完毕。按照我们的‘侯爵’的说法，他看起来很气派（‘侯爵’是我对德斯巴尔贝夫人的称呼，而她也给我取了个昵称，叫‘我亲爱的男爵’）。 我却没有看到他的这种气派，依旧不紧不慢地梳妆打扮，丝毫也没有想到外面客厅里有个人在等我，而那个人，就是那位高尚的隐士。他进来的时候脸色显得半分幼稚半分忧郁，坐在客厅的角落里，并没有任何的烦躁和不耐烦。”

“终于，我梳妆完毕。在走去客厅的时候，我的眼睛还是有些红肿。我看到客厅里来了一个穿着不修边幅的人，他很艰难地站了起来，嘴里嘟囔着，含糊不清地吐出几个混乱的单词。我看着他，心里猜测着他是谁。后来，当我知道他就是卢梭时，我不禁失声尖叫，非常希望和他说话，却不住地哭泣。弗朗科尔本来想说几句玩笑话，用他惯常的幽默缓解一下气氛，可最后自己也被弄哭了，于是我们都没法说话了。卢梭握住我的手，却没有对我说一句话。”

“最后，我们决定一起用晚餐，一面再这样相对着哭泣。可我什么也吃不下。我的丈夫弗朗科尔先生也失去了往日的风度，不知该说什么好。卢梭通过离席避免了更多的尴尬，或许是因为又重新感到了自己是这个世界上最受迫害、最被人嫉恨、最受人污蔑诽谤的人，他在饭桌上一个字也没说。”

我希望我的读者能够理解，我引述这段故事并没有什么恶意，我也希望读者们能够谅解祖母在讲述这件事情时的语气。对于祖母这样一个生长在圣·希尔的人来说，这已经很不容易了。要知道，在圣·希尔，人们是不学拼写的。人们通过背诵拉辛戏剧的句子和排练拉辛的戏剧来学习法语，而并不重视系统的法语语法的学习。祖母没有通过亲笔写下的文字给我留下更多可以追溯她的东西，对于这一点我感到十分遗憾。她仅仅写过几张纸的文字，不过应该说的是，她写的东西，都是十分有教益的。她为数不多的文字承载了她的精神和思想。

在这里，我要把刚刚她讲的那个故事重新说一遍。

在祖母跟杜邦先生结婚九个月之后，她生下了一个男孩，这个男孩也是她一生中唯一的孩子。为了纪念去世的萨克森大将军，也就是我祖母的父亲莫里斯，这个男孩被取名为莫里斯。当然，我的祖母本来是想自己亲自抚养这个孩子的，尽管这在当时的人看来十分不合时宜，但我的祖母是读过卢梭《爱弥尔》的人，她希望自己能遵照书中讲的，做出一个好的榜样。再说了，她对这个孩子有着深沉的母爱，这种强烈的母性冲动在她身上就和在这个世界上所有母亲一样强烈。

然而，她身体上的不足却阻止了她作为一个母亲的虔诚之心——她没有奶水。在孩子出生的日子里，尽管她承受了极度的痛苦，试图同这身体上的缺陷做抗争，在她让孩子吮吸自己乳房的时候，出来的却只有她的血液。她只好作罢，不得不断了亲自哺育孩子的念头。这件事情对她来说是一次沉痛的打击，也像是一个不祥的预兆。

作为阿布莱特公国的首席财政官，我的祖父杜邦先生和他的妻子以及儿子在一年里有一部分时间生活在沙托鲁①。在那里，他们居住在一个古老的城堡中，城堡前正对着风景如画的平原，安德尔的河水从这里流过，河水流经的牧场一望无际。这个城堡在今天作为省长办公室仍在使用。我的祖父杜邦先生，自从他的父亲老杜邦先生去世以后，就没人再叫他“弗朗科尔”了。他在

---

① Châteauroux，沙托鲁，法国中部城市，安德尔（Indre）首府，属于中央大区。

沙托鲁开了一家呢绒工厂，因为他四处活动并且为人慷慨大方，不多久，他就散掉了不少家财。他生活十分挥霍，耽于享乐，生活十分讲究排场。在他的家里，有一个乐团、许多厨子，还养了不少食客、仆从，和许多马匹、猎犬，花钱大手大脚，喜欢玩乐和资助别人。他希望能够活得快乐，希望所有的人都能够追随着他，这种心态也是现当代许多金融家和工厂主拥有的。不过，后者并不会将钱挥霍在享乐、爱情和对艺术品以及旧式贵族气派的追求上，他们只追求当代的风尚。我的祖父在他那个时代也是这么做的——他追求自己那个时代的风尚。然而，在现在这个时代，人们并没有以前时代的人那么张扬，归根结底，他们并不知道自己在干什么，也不明白自己应该干什么。

祖父在他跟祖母结婚十年之后去世了，无论是个人的财产状况还是国家财政方面，他都留下了一个烂摊子。在这个时候，我的祖母展现出了良好的头脑，她听取周围聪明人的意见，积极处理祖父留下的麻烦事儿。她通过迅速的结算，将个人欠下的钱还清，同时把国家财政的漏洞补上了。不过，在账目算完后，她却发现自己破产了，也就是说，她还欠债七万五千块。①

---

① 【作者注】这里是我的表哥勒内·德·维尔努姆（René de Villeneuve）给我提供的资料："本来，朗贝尔宫（L'hôtel Lambert）是给我们家以及舍农索的杜邦夫人的亲密友人，美丽而迷人的罗兰·莎波特公主（Princess de Rohan-Chabot）居住的。这是一座名副其实的宫殿。在一天晚上，舍农索先生，也就是老杜邦夫妇的儿子，这个不成器的卢梭门徒，他在和罗切舒尔小姐（Mademoiselle Rochechouart）结婚后不久，在一次赌博中输掉了七十万。第二天，为了他的名誉，他必须要还清欠款。于是，他将朗贝尔宫以及其他值钱的东西典当了，在他所有华丽的收藏中，只有一幅勒索尔（Lesueur）的画保留了下来，并传给了我。这幅画共有两幅，另一幅收藏在舍农索先生的纪念馆里。到了我祖父那一辈，又花掉了七八百万。我的父亲娶了你父亲的姐姐，同时他也是舍农索的杜邦夫人的侄子和唯一的继承人。所以，这四十九年来，我一直是舍农索城堡的继承人。"我十分感谢维尔努姆夫妇对城堡的修复工作做出的巨大努力，这个城堡是文艺复兴时期的杰作。

很快，大革命将她所有的财产削减为很小的一部分，她对这一切有些难以接受。不过，对她的债务，她从来没有逃避过，她很勇敢地承担了下来。尽管我唯一的理解是，一个背负着七万多债务的人是不会很富有的，但她用非凡的勇气和智慧接受了这贫困。这样，根据她的观念，她心里有一把关于荣誉和尊严的标尺：就像偷盗和抢劫，大革命时期没收充公的政策就算能剥夺一个人的财产，也不能剥夺一个人的思想。

在离开沙托鲁之后，她居住在西西尔国王大街一间小公寓里。如果我从目前自己的房子里摆满的、祖母留给我的家具的质量以及尺寸判断，那个公寓还是很不错的。她为了自己儿子的教育，聘请了一个年轻人。这个年轻人，我很早就认识了，他也担任了我的家庭教师。这个人，既有严肃的一面，也有搞笑的地方。他在我们的家庭生活和我的记忆中都占据着很重要的地位，所以在这里我要单独提及一下他。

他的名字叫弗朗索瓦·德斯夏特尔，正如他曾经戴着的一个枢机主教佩戴的小项圈宣告的那样，他在进入我祖母家里的时候带着修道院院长的头衔。不过，在法国大革命中，革命人士开始找各种有头衔的人的麻烦，德斯夏特尔院长抛弃了自己的院长头衔，变成了“德斯夏特尔公民”。在帝国时期，他又成了“德斯夏特尔先生”，同时担任诺昂市的市长。后来在复辟时期，他又重新拾起了自己“院长”的头衔，他对旧时候的那一套还没有能够抛弃。尽管如此，他却不能真的回到过去。鉴于他那全能的威严和不苟言笑的作派，我曾经送给他一个绰号，那个时候我们都这样叫他，这个外号就是“伟人”。

他曾经也是个惹人喜爱的小伙子，就像祖母对他的描述一样：穿着整洁，胡子刮得很干净，有着一双灵动的眼睛，鼻梁高而柔软。总的来说，他看起来简直有一副总督的作派。不过我确信的是，在我所有的记忆里，没有一个人在提到他的时候不发出几声愉快的轻笑的，即使是在他最得意的时候，就好像“书呆子”三个字明明白白地写在他的脸上。他脸上的每条纹路、他的一举一动，都揭示了他的迂腐和顽固。

当一个人为了表现自己十分全能的时候，必然会暴露自己的无知、贪婪和懒惰。然而放到他的身上，这些却通通没有。他的知识非常渊博，生活节制，而且他有着令人难以置信的勇敢品质。可以说，他拥有着一个人类灵魂里可能拥有的最伟大的品格。矛盾的是，他也有着一个人最令人难以忍受的个性，即达到了狂妄境界的自信。他的思想无比极端、举止无比粗鲁、语调无比傲慢自大，可他却同时又无比忠诚、热忱，灵魂慷慨而感性！哦，我们可怜的“伟人”！在这里，我要原谅你作为家庭教师对我的所有压迫！不过，你也得原谅我，原谅我那些年里对你的捉弄，原谅我设下的那些惹人嫌的陷阱。那些调皮的捉弄仅仅是我作为学生对你那令人感到压抑的专制统治的报复。你并没有教会我许多东西，但是有一点，是你教会我的：尽管我的自由天性里有着很多激愤的思想，这么长时间来，我还是成功忍受了这个世界上所有令人郁闷的性格，以及各种荒唐怪诞的思想。

祖母将她儿子的教育问题拜托给了他，并没有觉察到自己是请了一位专制暴君，而这位暴君同时也是她一生的恩人和朋友。

在他自由的时间里，德斯夏特尔继续着他在物理学、化学、医学以及外科手术方面的课程。他有一大部分时间跟德索先生待在一起，并最终在这位杰出人士的鼓励下，成为了外科手术的一把好手。后来，因为他既是我祖母的佃户，又是当地的市长，他的学问显得十分有用。更不用说，他把这一切都归因于对上帝的感恩，而不是为自己谋利。他有着如此博爱的心，在他的一生里，没有什么漆黑的暴雨之夜，亦没有酷热或严寒的厄运会阻挠人生的道路。他从未在自己漫长的人生道路上迷失过方向，也从没有沦落到在荒凉的茅屋间寻求救助的境地。因为他的忠诚和无私是如此令人敬佩。然而，要说的是，他也有缺点，他荒唐的一面就如同他高尚的一面，一同构成了这个人。他追求个人的全知全能，他否认一切疾病，认为任何病痛都能痊愈。他对现今存在的理论思想不屑一顾，我曾经不止一次地看到他发了疯似的冲下楼梯，步伐跟鸭子、火鸡，或是野兔一般，对和他争论的人拳脚相加。那些个受到他侮辱和虐待的人有些忿忿不平，心里想：这位先生也太过分了！一些人在这忿忿不平中又加了不少怨气，道：要不是他以前救过我的命，我真想杀了这个家伙！然而我们的德斯夏特尔大声叫嚷，他洪亮的声音从楼梯那头传过来，就像是一只大喇叭："怎么会这样！这个恶棍！没有教养的野蛮人！可怜的家伙！我救了你，你就是这样报答我的吗？！你竟然没有丝毫的感恩之心！想跟我算算这笔账吗？！我告诉你，算你跑得快，要不然，我准把你五马分尸游街示众，到时候看你怎么求我！"

尽管德斯夏特尔先生做过很多善行，受到了人们的尊敬，也收获了同样的仇恨。他做事一向张扬的风格的确给他惹了不少的麻烦。 关于这一点，他缄口不言。 德斯夏特尔先生这位来自贝里的农民也是个会忍耐的人，当他注意到只有忍气吞声才对他最有利时，他是不会拒绝闭嘴的。

在我的叙述里，我总喜欢越过时间顺序去讲述一些事情，还希望我的读者能够原谅我！ 在这里，我希望在自己对德斯夏特尔先生解剖式的分析中，先给你们讲述一件关于他的轶事，一件不是那么令人愉快的小事。 关于这件事，在我的讲述里可能也有年代混乱的嫌疑。 不过对于这件事的记忆，我自己也委实是有些糊涂，甚至都快忘记了。 为了防止明天我把它忘得一干二净，我还是把这件事讲给你们听吧。

尽管德斯夏特尔先生十分勤奋地看管着我的父亲，并且照顾到我祖母的喜好，他还是害怕有一天会有失业的风险。 于是，他常常将自己的精力投入到医院和解剖实验室里去。 在那个时代，每天都少不了流血悲剧的发生，每天都有人死在断头台上。 不过，对科学的热爱让他只专注于自己医学上的研究，却没有时间对这一切做出更多的哲学反思。 然而有一天，一件小事却触动了他的情感波动，让他变得心烦意乱起来。

几个人头被扔到实验室的桌子上，一个学生轻描淡写地说了句:“切得很利索。”这时，有人准备了一个骇人的大锅炉，这些刚刚被砍下了的头颅将要被放到锅里煮，以便待会儿的剥皮和解剖。 德斯夏特尔把所有的头颅一个接着一个地铺放开。“这是本堂神甫的头，”那个学生忽然开口说话，一边说，一边把最后那个头递给了他，“你看，他还行过剃发礼。”德斯夏特尔凝视着那个头，认出了这个头颅属于他的一个朋友。 他已经十五天没有见过这个朋友了，他不知道，这个朋友原来被投到了监狱里。

是德斯夏特尔给我讲了这个可怕的故事。他说："那个时候，我没有说一个字，我看着这个可怜人的头颅，头上已然白发苍苍。他的面容还像以前一样平静和美丽，就好像要冲我微笑一般。我等到那个学生背对着我，轻轻抚过他的前额。之后，我把他的头颅放到了炉子里，就像对待其它所有的头颅一样，不久，我便将头颅解剖了。我静静地看着他的头颅，忽然，我似乎感觉到了一阵恐惧，于是我将它埋到了后花园的角落里。这次的事情给我造成了很大的伤害，以至于很长的时间里，我都不能再进行任何的医学实验。"

我们很快结束这个可怕的故事，转到稍微轻松一点的话题上来。

我父亲功课学得很差，德斯夏特尔也不敢体罚他。尽管他这位激进分子崇尚的是老式的教育方法，认为拳头和戒尺下面才会出好学生。但祖母实在太爱这个儿子，不让德斯夏特尔用所谓"有效率"的方法。德斯夏特尔这个人也很执拗，他于是便试图用聪明的方法替代强制手段——而他所谓的强制手段自然就是鞭子和武力了。他跟我父亲一起学习德语、音乐，以及所有那些没有办法自学的东西，在那些老师不在的时候，他就做我父亲的辅导教师。出于忠心，他甚至牺牲自己的时间，和我父亲一起制作武器，并且在我父亲学习的间隙，和他一起研究战争地图。在那个时候，我父亲十分懒散，而且身体不好。在武器库的时候，他常常无聊得打瞌睡，而当德斯夏特尔参与的时候，他就会来了精神，因为德斯夏特尔先生总有办法让一切变得有趣起来。有一天，我父亲严肃而略有些幼稚地对德斯夏特尔说：“院长先生，如果我是在实战中，会不会更加投入呢？”

“我可不这么觉得，我亲爱的朋友。”德斯夏特尔回答他说。不过这一次，他可是搞错了，我父亲对战争有着浓厚的兴趣，而且对战役很有激情。他在骑兵队的时候，感觉到自己从来没有如此适意过，他十分平静，内心轻微激动地颤抖，好像他生来就属于这里。

不过，这位未来的勇敢军人曾经也是个身体虚弱的小男孩，而且被极度地溺爱。他从小在蜜罐里长大，因为他发育有问题，他被允许一直保持着这个懒散的状态。他甚至使唤他的仆人，仅仅是为了削铅笔或者准备羽毛笔。所幸上帝保佑，他对法国的时事倒是十分的了解。那个时候，法国已经走到了战争的边缘，处在一个十分关键的社会转型期。

当法国大革命在酝酿的时候，就像同时期有名望的贵族们一样，祖母看着革命的脚步越来越近，却并不害怕。她深受伏尔泰和卢梭思想的熏陶，对宫廷的腐朽早已了然。她甚至对法国皇后那一派人的作风提出过更严厉的批评。在她那里，我曾经看到过许多卡片，上面写着反对玛丽·安托瓦奈特①和她的支持者们的檄文和讽刺诗。当时的人们争相传抄这些讽刺的文章，而这些文章里最中肯的批评则出自祖母笔下，或许其中还有一些是仿照我祖母的思想跟文风写出来的。那个时代，对于社会上愈演愈烈的宫廷丑闻的揭露很合乎老百姓的口味，人们逐渐形成了法国独特

① Marie-Antoinette，法国路易十六的皇后，后来被处以死刑。

的，对于时局的哲学批判。那个时候，的确出现了许多大胆的批判和极端的思想。人们交口相传，用隐喻的方式写作歌词，在鲜为人知的音乐厅里演唱，民间对皇太子的出生、对德军的入侵和随之产生的风流韵事窃窃私语。王室为了堵住人们的嘴，甚至将妇女和儿童绑在示众柱上以儆效尤，因为他们只想到，这些谣言是从群众的口中传出来的，却没有想到，其实谣言来源于沙龙客厅，后来才传到了街头巷尾。我曾经很无知地烧毁了许多文字，因为连将那些文章看下去的勇气都没有。其中有几篇就是德斯夏特尔院长写的，我小的时候也曾经看到过。毫无疑问，我从字里行间看到了不加掩饰的深沉怨恨，以及接近疯狂的对于那个时代贵族阶级的愤怒。我觉得，普通人是没有能够写出这些文字的思想的。要是路易十六一家人能够早一点明白，或许他们的命运就不会是这个样子，他们也不会成为旧时代的殉道者。

其他方面，我很后悔在我二十岁的时候，由于一时的糊涂，把这些文章的大部分手稿给焚毁了。这些文字出自祖母之手，而祖母又是一个清白、圣洁的人，这些手稿不该葬身在大火之中。我应该把这些手稿当作研究祖母思想的一份很重要的历史文件，有着极严肃的历史价值。即便不说这些文字是独一无二的，它们也是十分珍稀的。那些没有被我烧毁的手稿现在已经成为珍贵的史料，许多人在写书的时候也会引用这些文章里的话。

我觉得，祖母对于奈克尔和米尔博怀有十分仰慕的心情，不过我在她关于法国大革命时期的政治思想中，却没有找到她对于这两位名人的记述。对祖母来说，大革命是一场沉重的、令人难以忍受的动乱，也是她个人生活的灾难。

在所有跟她同阶级的人当中，她可能是对这场革命的浩劫最能够平心静气接受的一个。在事实上，又是什么，给予了她精神上的支撑，让她能够甘愿承担这样一种社会浩劫呢？在那个时代，她尽早地接受了人人生而平等的思想。可以说，她接纳了那个时代最先锋前卫的思想。她赞同卢梭的社会契约论，她和卢梭一样强烈抨击迷信思想，她甚至热情歌颂乌托邦思想，共和国的理论也没有让她害怕。她的天性让她如此深情，乐于助人，她把身边的人都看作是身处黑暗中亟待救助的不幸之人。她对大革命的到来毫无畏惧，她甚至追随着革命者的脚步，没有一丝犹豫害怕。因为她就是这样，有着一颗博大的胸怀。终其一生，她都在追寻真理，热爱真理。

不过，要想去接受一场巨大的社会变革，和随之而来的、无可避免的大动荡，一个人还需要更加的诚挚，更愿意追求世间的正义。这个人不但要热情、勇于冒险、有着英雄主义情怀，而且他还得怀着狂热的信仰，甚至是对上帝的无限遵从。我们只有在被虔诚的信仰包裹着的时候，才会心甘情愿地接受痛苦的打击，并且心平气和地审视痛苦，做出理性思考。我们每个人，为了自己的生命，都可能委曲求全，放弃自己曾经相信的东西。而有些人，即使面对强权，他们还是会向死而生，纵然被苦痛折磨，也不改微笑。

在我的眼中，大革命是一个有信仰的人一生中最能够考验他的阶段。面对繁芜苦痛的时刻，在充满动荡、充满谵妄、充满哭泣声的苦难时期，对耶稣“众生平等”信条的践行，并为此不断斗争，才是将人类从苦难中解救出来的方式。它就像是熊熊燃烧的火把，或者是炽热的火炬，薪火相传，一直传到了我们如今的年代。即便我们的基督向无知的人们布道，即便神的力量给人以指引，即便有前赴后继的殉道者们的苦心经营和无畏的牺牲，那充斥着各种异教的旧社会秩序并没有被完全摧毁，而且在未来的很长时间里依然会存在着。

然而人类文明的历史正是因为这无数无法预料的、千奇百怪的、无法解释的事情，才变得像今天这样复杂。在真理的道路上，充满了无数的岔路和绝境。黑暗从来没有离我们远去，它就笼罩在我们永恒的朝圣之路的上空，压得我们喘不过气来。从沙漠里留下的痕迹到寻找金字塔的路上，暴风雨无情地将指引方向的路牌摧毁。多少惶恐让面色苍白的旅行者踯躅不前，我们的故事被风沙带走，再也寻不到痕迹。人类就如同浮萍一般，在谬误的大海中沉浮。昨天的故事就像是历史上最恐怖的年代一般令人闻之色变，只有今天，科学的思想才能够穿透乌云，带来一丝文明的曙光。

当然，在令人眩晕的人类历史中，在1793年的法国，是哪一件令人震惊的事情，让全法国所有智慧之人的目光都聚焦在它的身上？因为报复行为的肆虐，几乎所有的法国人，不管是出于无心还是蓄谋已久，都同时是受害者和刽子手。在他们承受的压迫和他们施加在别人身上的迫害中，法国人没有时间去反思，也没有选择的自由。在狂热激情的怂恿下，一个人在做出行为前又怎么会有理性的思考？而公正又怎么能平心静气地阻止这一切都发生？被激情冲昏了的头脑是由另一个同样亢奋的头脑在审判，而这个时候人类的精神就像老话描述的那样：“今天，是悲哀的年份，是热烈的时代，是疯狂的时期。”

什么样的信仰能够解决“存在”的问题，“存在”是真理还是谬误，那些殉道者的信条又意味着什么？ 有人说，存在就是荒谬的，这是被厄运折磨的人不可避免会产生的想法。 而这个想法，又是最难让旁人信服的。 信仰不能带给人足够的光明，而时代的动荡又不能够让个体的价值得到尊重。 直到有一天，这个社会的所有阶级都感受到了革命的威力。 玛丽·安托瓦奈特，这是在九二年反对大革命的第一人。 从她的内心深处来说，她是很有革命性的。 然而在1788年，当她面临绝对权力和个人自由两者只能选其一的关头，为了她自己的利益，她做出了和当今西班牙女王伊丽莎白，和即将登上王位的英格兰女王维多利亚一样的决定，选择了绝对权力。 自由！ 每个人都呼唤它的名字，每个人都满怀热情地讴歌它，每个人都狂热地追求它！ 而国王们想要追求自由的心，又何尝会比他的人民少呢？

于是，为全人类追求自由的人出现了。 而那个人，经历了无数命运的冲撞和激情的消退后，却没有把自由带给任何一个人。他曾经无数次地尝试过，上帝也会原谅他的功败垂成。 他并不是为了我们，才从事这艰苦的工作，我们也没有资格以一种居高临下的姿态去对他指指点点。

在这个到处都沾满了鲜血的时代，在这个无数人都为自己追求荣誉和功勋的时代，人类应该看到，事实上，这个世界上存在着两类不同的殉道者。 一种是为了曾经未竟的事业呕心沥血，另一种则是为了未来的事业而努力。 在这两种截然不同的信念中，还有一些人，他们不属于任何一方，被边缘化却仍不理解自己为什么会招致责难。他们反抗旧有的秩序，却遭到了守旧思想人士的残酷迫害，同时也不容于那些为未来事业努力的人。

于是这些边缘化的人就处在一个十分尴尬的位置，在这个位置上，我看到了那位真诚而高贵的女性，我的祖母。她没有因为放弃而移居国外，她坚持不懈地抚养自己的儿子，并积极地投入到变革社会的事业中去。

她甚至能够接受自身财富的巨额缩减，这缩减是社会的浩劫带来的。她用剩下的为数不多的财产买了价值三十万的土地，那块地在诺昂，就在沙托鲁不远的地方。她的社会关系和她日常的活动，则跟贝里小城密切相关。

她就在这宁静祥和的外省小镇呼吸着不问世事的悠闲空气，在这里，她并没有将动荡的社会现状完全抛到脑后。一件意料不到的事情正悄悄地酝酿，将要惊醒她那颗宁静的心。

彼时，她住在那位阿莫宁先生的房子里。这位阿莫宁先生负责支付这座公寓的房租，就像这个时代所有在社会上有些地位的名流一样，他也有不止一处居所。阿莫宁先生建议祖母将她的一大部分金银和首饰，连同他自己的一部分财产，一同藏匿在他一处房产的墙板夹缝里。另外，一位姓德·维利尔的先生也将自己的贵族身份证明藏在了这里。

然而这个藏身之处的墙板是由厚重的材质砌成，无法承受挖掘队那群工人们日复一日的勘测。其实，这个房子以前就是那群工人建造的，他们现在却变成了房子里藏匿财宝的告密者。法兰西共和国第二年霜月[①]的五号，依照法令，相关部门对阿莫宁先生的房子进行侦查。这项法令禁止个人私自隐瞒藏匿那些退出市场流通的财产[②]。一个很有名的工匠前来勘测阿莫宁房子的墙板，之后，许多东西被他们挖掘出来。随即，他们逮捕了祖母，她被人监禁在一个英国人办的修道院里。那个修道院位于福赛·圣·维克多大街，现在已经被改造成一个临时监狱[③]。她家里被贴上了封条，她那些充公的物品，连同她的公寓一块儿，被委托给了公民勒布朗看守，勒布朗同时也是一名下士军官。挖掘者允许年轻的莫里斯，也就是我的父亲，居住在他自己的房间里。同样的，他的房间也在另一个人的看守下，德斯夏特尔也面临着同样的处境。

我祖母的儿子——我的父亲，杜邦先生，在那件事发生的时候还不到十四岁。这突如其来的与母亲的分离犹如当头棒喝，降临在他的身上。他以前从来没有遇到过类似的事情，然而他毕竟

---

① 霜月，法兰西共和国历法中的第三个月份。相当于公历的11月21～22日到12月20～21日。

② 【作者注】下面是这项法令的一部分条款，目的是为了在革命恐怖事件之后，重新树立政府在民众中的公信力。“条款一：所有包括金和银在内的贵重金属，无论是被铸造成货币的，还是没有被铸造成货币的，所有的钻石，首饰，金质或银质饰带，以及所有的其他珍贵的家具和日常用品，或藏在田里，或藏在地窖，或藏在墙壁夹缝，或藏在阁楼，或藏在镜子夹缝中，或藏在地板砖块下面，或藏于壁炉，或藏在烟囱管子内，或藏在其他任何隐秘的地点，无论是已经被发现的，或是将要被发现的，均属于共和国的财产；条款二：所有的揭发者，一经查实，将拥有告发并挖出的相应物品价值的百分之二十，且这项奖励以国家证券的形式发给揭发者；条款六：金器或是银器，餐具，首饰，以及其他的物品，无论那样物品，在发掘的时候都要有市挖掘委员会的监督，并记录在案，而挖掘委员会在物品挖出后，应即刻将其中的货币财产移交国库，将银器移交造币厂，不得延误；条款七：对于首饰，家具，以及其他物品，将在挖掘委员会的组织下，进行拍卖，拍卖所得移交国库，此项条款将由国民公会进行监督；

③ 我的祖母在和她的第二任丈夫结婚之前，也在这个修道院里度过了人生一部分的闲暇时光。

也是学习伏尔泰和卢梭的思想成长起来的。周围的人向他隐瞒了当前局势的复杂性和严重性，连德斯夏特尔也将自己内心的忧虑掩饰起来，不想让他知晓。德斯夏特尔害怕，如果不做点儿什么，就要失去杜邦夫人了，于是他毫不犹豫，凭借着无比的勇气，打算救杜邦夫人出来。

他很清楚，在所有杜邦夫人藏在家中墙板里的物品中，最有可能将杜邦夫人置于险境的那些文件在第一次挖掘中，并没有被人翻出来。这些物品是一些文件，一些贵族身份的证明材料，还有一些私密的、我祖母跟阿尔多瓦公爵一直以来的往来信件，信件中表达了我祖母对流亡国外的阿尔多瓦公爵的支持。我不知道，我祖母为什么会写这些信，以及这样的信件又会产生怎样的后果。或许，里面那些她对自己长久以来的革命思想进行反思的句子会将她送进巴士底狱。她对王室成员的支持或是因为身旁人的鼓动，抑或是因为她还念及着血脉亲情，因为尽管她是萨克森将军的私生孩子，她却是路易十六和他的兄弟们的表亲。她或许觉得，尽管在皇太子死了以后，尽管这贵族身份让她的生活陷入了悲惨境地，但在这个时候，给她亲人一些支持，是她自己不可推脱的责任。我觉得，在她的观念里，不会有其他的想法，当年那笔七万五千块的欠款，对于她来说，是很大的一笔损失，但她却没有放在心上。相反，到了如今，她愈发觉得王室的衰落是令人唏嘘的事情。她并不同情或是尊重那位“路易十八”狡猾的性格，也对查理十世放荡不光彩的一生没多大好感。在拿破仑政权衰落的时候，她曾经跟我提及过可怜的波旁王朝，我清楚地记得她是怎么跟我说的：“永远不要做超出那个时代限制的事情。”我明白了，她的所有反思都大大超出了自己所处的那个时代。因而，她的所有主张，在波旁王朝复辟的时候没有给她带来好处，而在革命时期还险些把她推上断头台。

或许是因为那些文件被人藏在墙板里、没有被发现，或许是因为那些文件混杂在了德·维利尔的文件里，才没被人发觉。那些“反动”文件逃脱了特派员们的第一次侦查，德斯夏特尔确信，在对杜邦夫人的口头诉讼中，将不会提及这些文件。而且看起来，在新的调查开始之前，他需要将那些文件偷偷销毁。

这样做无异于是在拿德斯夏特尔的自由来冒险，不过，他还是义无反顾地去做了。

为了让读者们能够更清楚地理解在当时的情况下，德斯夏特尔的冒险有多么重要的意义，在这里需要引述在发现嫌疑物品时，公诉人作的口头诉讼。法律语言有它自己的特点，我尽量用通俗易懂的方式将其如实地叙述出来。

“由专门理事会和特别联合会共同组成的革命委员会。

今天，霜月的5号，在统一、不可分割、不朽的法兰西共和国的第二个年头，我们，让·弗朗索瓦·波塞，以及弗朗索瓦·玛丽，专门理事会下属革命委员会的委员，应专门理事会下属革命委员会的指派，在以上所述的委员会之成员的委任下，搜查公寓租款的支付人公民阿莫宁位于尼古拉街道十二号的住所。同期作为见证的还有公民克里斯多夫以及公民纪尧姆——特别联合会成员，费罗尔——同为特别联合会成员。我们到达了公民阿莫宁的住所，并进入公民阿莫宁的房子，我们上到了二楼，在公民阿莫宁夫人的陪同下，来到梳妆室之外三步远的地方。是时，公民阿莫宁夫人的丈夫并没有在家，公民阿莫宁夫人回答了我们的问题并向我们保证，她什么也不知道。我们继续进行搜查，房子位于布鲁特斯区，蒙马特尔街道21号，我们委托同居住在这所房子的维利尔公民作为我们搜查的见证人，同为见证人的还有住在上述房子里的公民龚多尔。在居住于郊区圣·马丁九十号的居民公民达尔泰的努力下，在公寓看门人公民弗尔克的见证下，我们拆开了面向右边大门、壁橱后面的墙板，我们发现了藏在墙板内的东西，包括数量巨大的银器还有好几个保险箱以及各种文件。随后，在上述所有人员的见证下，我们制作了财产清单，包括：第一，一把绘有纹章的钢剑；第二，一个喇叭口短铳；第三，一个摩洛哥皮革制成的箱子，里面装着调羹、挖糖或芥末的镶着红宝石的勺子。还有许多上面的带着家族纹章的武士，不一一列举。

在这个列举详尽的财产清单里，有许多绘以家族纹章的首饰，就像所有人都知道的那样，这才是我祖母的最大损失。

公民阿莫宁到达之后，我们开始了口头诉讼。

之后，我们询问了公民阿莫宁，他向我们坦白了藏在白布单下面的纸盒子里的都有些什么东西，他同时承认，白布单上确实印着家族的图章。

接着，由就职于国民制宪大会的公民维利尔对不同的信件进行了审查。维利尔公民在公民阿莫宁退下后，也出席了口头诉讼。他向我们证明了，那些我们发现的，藏在白布单包裹下的往来书信的确属于公民阿莫宁。同时认为，公民阿莫宁所言的，不知道那些信件在那里的说法，是不切合实际的。随即，我们询问了公民阿莫宁，那些银器和首饰是什么时候被藏在这里的。公民阿莫宁回答说，在当年法国国王路易十六逃亡的时候，那些东西就被藏起来了。

我们继续询问，那些银器和首饰是否属于他所有。他回答说，其中一部分是属于他的，而另一部分则属于公民杜邦夫人。杜邦夫人住在一楼，即他的楼下。

我们随即传公民杜邦夫人到庭，并向她出示了我们在公民阿莫宁先生那里查获的财产的清单，公民杜邦夫人很快便出席了口头诉讼……之后，仍然是在公民维利尔在场的情况下，我们又查验了那些方才挖掘出来的信件，以及信件的内容，那些信件上印着家族的贵族纹章。我们将发掘到的东西放进了一个箱子里，并在箱子上贴上了封条，由我们的一位执行官看管。所有的信件都被挪到了一张很大的白纸上，以便日后国民安全委员会的查验。然后，我们又询问了当事人关于被埋藏的银器以及首饰的有关说法，向当事人宣读了有关法律条文，并在霜月 6 号的两点结束了口头诉讼。”

从这段记述中我们可以看到，这次搜查完全是在夜间进行的，并且还是一次出其不意的突击检查，因为口头诉讼是在 5 号开始的，而在 6 号凌晨两点就结束了。这个时间段还包括了搜查执行官对维利尔进行羁押，因为维利尔的违法行为似乎是他看来最严重的。执行官当时并没有对我的祖母杜邦夫人或是对阿莫宁先生做出什么裁决，不然的话，我的祖母杜邦夫人和阿莫宁先生的东西上面也会被贴上封条。无论是那些箱子、保险柜，还是那些首饰和银器。关于那次搜查的全过程的记述中还有这样一句话:“为了在下士军官公民勒布朗的监督和照看下，在当天将所有东西移交到国民公会，为了表明第一次搜查的正确性和完整性，我们让在场的人都签上了自己的名字。”

看起来，在我祖母家发生的那件事情并没有产生多剧烈的影响，危险似乎已经过去了。的确，那些充公的财物，其中一部分还有希望归还。(因为可以看到，那些财物上都清楚地表明了谁是所有者，并且财物中的大部分都是被原封不动带走的，并且所有东西在财物清单上都写得很清楚，德斯夏特尔还在上面作了注释，这一切看起来都似乎很有种可以被归还的意思。)私自藏匿的违法行为也跟我的祖母杜邦夫人没有直接关系。她是把自己的财产委托或者说是借给了阿莫宁先生，是阿莫宁先生做出了判断，并选择将它们藏起来的。这些都可以作为我祖母为自己辩护的理由，这也会是令人信服的理由。不过，事实情况可能并非看上去那么乐观。那些由于我祖母的不够谨慎而被藏在房间里的危险的信件才是真正的隐患，它们藏在地板的夹缝中，如果搜查队再组织第二次发掘，它们很有可能被人翻出来。

霜月 13 号，也就是距离阿莫宁先生的公寓被第一次搜查的七天以后，搜查队对这里进行了又一次的发掘。这一次，在我祖母的房间里颁发了逮捕令，新一轮的口头诉讼开始了。这一次口头诉讼更加简单，远没有第一次那么劳师动众。下面是第二次口头诉讼的相关记述。

“统一、不可分离的法兰西共和国的第二年，霜月的 13 号，我们，特别联合会下属监管委员会的成员，依照上述委员会法律，实施逮捕。在霜月11号，我们对玛丽·奥罗尔，也就是寡妇杜邦夫人的房子进行查封，同时逮捕了上述之杜邦夫人。随即，我们又回到杜邦夫人位于圣·尼古拉街道十二号的住所，来到一楼，从左边的门进入，向门房解释了我们的来意，并在杜邦夫人的房间贴上了封条。被查封的地方由公民查理·弗尔克看管，查理·弗尔克是该所公寓的门房。

之后，我们来到了对面的一间房子，这间房子居住着公民莫里斯·弗朗索瓦·杜邦，即杜邦夫人的儿子，以及公民德斯夏特尔，杜邦夫人的家庭教师。在核查过上述两位公民的身份之后，我们没有发现任何危害法兰西共和国利益的反动文件。”

这就是我祖母被逮捕的经过，以及德斯夏特尔需要进行营救的背景。在祖母杜邦夫人被关押到英国人开的修道院之前，她找到机会告诉他那些写了反动的话的信件藏在何处。她之前疏忽大意，手上保留了一大批文件，那些文件足以证明她和流亡国外的王室成员关系密切。但可以确定，从我祖母的那一方来看，这种关系是清清白白的。可是这些证据要是落到了旁人手里，她有可能会被人以危害国家安全罪和叛变罪关进监狱。

对于刚刚我引述的那段口头诉讼的记载，德斯夏特尔这个纯粹主义者感到十分瞧不起并且愤怒。那些在诉讼中被引述的法律条文不仅编纂粗糙，而且语法漏洞百出。口头诉讼的记载里充斥着各种拼写错误和语义不通，所有这些让这份记载变得十分拙劣。这份记载没有表达清楚的是，其实在我祖母居住的一楼和二楼之间还有一个夹层，那个夹层和我祖母的房间相通。人们可以通过一个雕刻精细的楼梯进入，而那个楼梯的入口就在我祖母的梳妆室。

我祖母房间的门和那个夹层的窗户都被贴上了封条，而那些危险的文件就是藏在了夹层里面。因此，要想进入，就必须撕掉三个封条：房间一楼正对着楼梯口那扇门上的封条、楼梯间旁边梳妆室大门上的封条、以及一楼和二楼之间夹层的大门上的封条。这座房子的门房是个非常胆小的共和国政体的拥护者，他居住的房间正好在我祖母房间的下方。而那位勒布朗下士先生，一位十分廉洁的公民，负责看守公寓二楼被查封的房间。勒布朗先生睡在与阿莫宁先生相邻的房间，也就是说，正好睡在一楼和二楼中间夹层的正上方。他一直在那里，遵循着上头下达的命令，全副武装地坚守在房间里，以防止任何人偷偷溜到这座被查封的公寓中来。而公民弗尔克先生尽管是个门房，却也不敢睡着，他很聪明地把一个铃放到了勒布朗下士房间的窗台上。这样的话，如果他听到了什么动静，只要轻轻拉动铃铛的线，就能把勒布朗下士叫醒。

德斯夏特尔想要潜入公寓销毁文件的任务变得更加危险。任何人在没受过盗贼先生们那种专业严苛的训练，根本掌握不了撬锁的“艺术”，也很难做到在偷偷溜进房间之际，不发出响动。然而，一颗忠诚的心总是可以创造出奇迹。德斯夏特尔带上了所有他认为有必要的工具，等到所有的人都熟睡了之后，打算开始自己的行动。

彼时已经是凌晨两点，房间里一片寂静。他悄悄起来，蹑手蹑脚地穿上了衣服，不敢发出一点声音。他把待会儿可能会用得上的工具都放到了口袋里，屏气凝神地走出了房间的大门。随后，他揭开了第一张封条，接着是第二张、第三张，他进入了一楼与二楼之间的隔间里。他找到了一个雕刻精细的柜子，柜子不显眼的地方有个格子。他打开了格子，扒开上面的隔板，找到了二十九个纸箱，箱子里满满的都是各类文件。我祖母并没有告诉德斯夏特尔，哪一个纸箱里装的才是那些可能会让她受到牵连的书信。

不过他并没有灰心，他把那些文件拿了出来，一样一样地检查，从中抽出那些机密文件并加以烧毁。一直到凌晨三点，没有任何人走动。上帝保佑，不远处只传来一些轻微的脚步声，那是一楼客厅木地板发出的吱呀声。声音或许是来自那只名叫奈丽娜的小母狗，这只小狗是杜邦夫人最喜欢的，现在，它或许跑到了德斯夏特尔空着的床上睡觉，待会儿可能还要找来呢。刚刚德斯夏特尔悄悄溜进夹层的时候，没有关上身后的门，所以奈丽娜要是找来了，他也不会觉得奇怪的。门的钥匙在门房那里，刚刚他是在夜莺叫声的掩映下撬开了门。

这个时候，要是你集中注意力去听，那颗在胸膛中剧烈跳动的心脏，那颗充满了鲜血的心脏，此刻咚咚地响着，就好像一下一下击打在耳膜上一般。而忽然，有那么一个时刻，你好像又什么都听不见了。可怜的德斯夏特尔此刻好像浑身僵硬了一般，一动不动，因为他似乎听到，有一个人正在上楼梯，向他走过来，他感觉自己就像身处在噩梦中一般。但他很清楚的是，这不是奈丽娜发出的声音，这是人类的脚步，有一个人正在悄悄地朝他走过来。德斯夏特尔镇定地掏出一把手枪，让子弹上膛，躲到了门的后头……突然，他把举起的手臂落下来，因为来找他的那个人，不是别人，正是我的父亲，德斯夏特尔亲爱的学生——莫里斯。

德斯夏特尔的所有计划都没能瞒过他，他一直留意着德斯夏特尔，也猜到了德斯夏特尔的计划，现在他来帮助自己的老师了。而德斯夏特尔此刻却十分惊恐，觉得实在不敢让一个孩子牵扯到这桩危机重重的计划中来。莫里斯仿佛知道德斯夏特尔此刻在想什么，他伸出了胳膊，把手放到了德斯夏特尔的嘴唇上。德斯夏特尔一下子意识到，要是这时候他对莫里斯说什么，哪怕是最小的音量，最少的话语，都可能会惊动别人，也会让他俩都丢了性命。而莫里斯此刻表现出来的睿智让他意识到，或许他可以带上这个学生。

于是，他们两个保持着完完全全的安静，开始干活。他们一边检查那些文件是否对杜邦夫人有危险，一边快速而有条不紊地烧毁不能留的信件。

然而，时间过得飞快，转眼已经四点了。他们还得留一个小时的时间把门锁好，再把封条重新贴回去！可是，他们连一半的信件都没有处理完。一到五点，公民勒布朗先生一定就起床了。

没有一丝丝的犹豫，莫里斯给德斯夏特尔打了个手势，示意他说明天晚上还要再回来一次。此刻，可怜的小狗奈丽娜正被莫里斯关在了他的房间里，正因为没人陪它玩而不开心，发出呻吟般的声音，开始吼叫起来。于是他们两个人快速地退了出来，一路关上了所有的门。有个封条破了，他们就把它贴在里面的门上，而把比较完好的封条重新贴回到最外面的、对着楼梯间的大门上。我父亲莫里斯提着蜡烛，烛泪滴在地板上凝结成固体。

德斯夏特尔拿出工具，就像是在做外科手术一般，十分灵敏而熟练地除去了地板上凝结的烛泪。之后，他们各自回到了自己的房间，安静地上床睡觉，心里仍旧有些提心吊胆。他们昨天在找文件的时候，把楼上搞得一团糟，万一今天白天的时候，有人出其不意地要检查被查封的房间该怎么办？况且，那些足以给杜邦夫人定罪的文件还没有被他们找出来并烧掉。

幸亏这漫长的等待的一天终于过去了。我父亲莫里斯把奈丽娜抱到了一个朋友的家里，德斯夏特尔给我父亲买了一双布拖鞋，并在地板上涂了一层油，又重新打点了一遍他需要用到的工具，打算晚上采用他那位学生教给他的策略。二十五年之后，当他把这个故事讲给我听时，他说："我知道，要是我们被捉住了，杜邦夫人永远都不会原谅我，因为是我让她的儿子陷入这样的危险之中的。可是，当一个儿子打算冒着失去自己生命的危险去救母亲的性命时，我哪有权利去阻止他呢？我觉得，正相反，这是我对他的教育能得出的最好结果。要知道，我首先扮演着一个教书育人者的角色。"

这一天夜里，他们有更多的时间完成他们的任务。看门人这天很早就睡下了，所以他们能够更早地开始他们的活计。他们像昨天一样，找到了对杜邦夫人不利的文件，并将其烧掉。之后，他们把烧剩下的灰烬收集起来，装到一个盒子里。他们很细心地把盒子盖上，并带在身上，打算第二天找个地方扔掉。所有箱子里的文件都被他们检查过了，所有危险的文件也被销毁，在检查文件的过程中，他们还失手摔坏了几件首饰和一些刻着家族纹饰的印章。他们甚至在几本装饰奢华的书的封面上，还看到了家族的徽章。他们终于完成了所有的活计，把封条原封不动地贴了回去，房间里也保持着原来的痕迹。那些无关痛痒的文件也被放回原处，就好像从没有人碰过它们一样，大门关上的时候没有发出任何的声音。而我们的两位密谋者，在完成这样一件激动人心的秘密任务之后，在时间用完之前，毫发无损地回到了安全的房间。他们激动地抱在一起，热泪盈眶，一句话也说不出来。他们相信，祖母杜邦夫人得救了！

然而，在未来的一段日子里，他们还将在担惊受怕的氛围中生活很长一段时间，因为对我祖母杜邦夫人的监禁将一直持续到热月 9 号那个恐怖的日子①。在那一天到来之前，革命法庭变得日益恐怖，每天都有很多无辜的人受到非法的审判。

到了雪月②的 16 号，也就是整整一个月之后，祖母杜邦夫人被人从监禁的地方放了出来，获准在自己的公寓里生活，由公民菲利多尔负责监视她。菲利多尔也是委员会的一名成员，他富有同情心，对我的祖母也非常好。门房的态度却十分不友善，甚至有迹象表明，他曾经撬过我祖母房间的锁。

我不想忘记这件曾经发生在我祖母身上事情，所以我在这里把我知道的都讲出来。起初，我们的主人公，英勇的德斯夏特尔先生并没有打算给我讲述这个故事，在我的一再询问下，他才把关于这件事的细节讲给我听。他讲述的技巧也十分糟糕，我又咨

---

① 即热月政变。法国大革命中，推翻雅各宾派罗伯斯庇尔政权的政变，被称为“反动派的反扑”。因发生在共和 2 年热月 9 日（1794 年 7 月 27 日），故名热月政变。热月，法兰西共和历的第 11 月，相当于公历 7 月 19～20 日至 8 月 17～18 日。

② 雪月，法兰西共和历的第四月，相当于公历 12 月 21 日、22 日或 23 日至 1 月 19 日、20 日或 21 日。

询了我的祖母，才把事情的来龙去脉以及其中一些细枝末节弄清楚。我从来没见过比德斯夏特尔更不会讲故事的人了，他罗罗嗦嗦，又对事情的细节吹毛求疵，满腔书生气。他对自己在那件事情中所扮演的英雄角色很有些自命不凡，甚至一个小细节他都要洋洋自得半天。光是有人愿意听他讲故事这一方面，就够他沾沾自喜的了。每天晚上他在重复自己英勇事迹的时候，都会精准地说出每个细节，从无遗漏，我甚至都能对他的话倒背如流。有些时候，他在讲述时仅仅换了不同的词语，我都能听出来。然而，即便如此，他却并不知道，自己在这件事情中表现出的最重要的品质是什么。那是他性格中英雄主义的一面，他自命不凡的稚气显得有些荒唐可笑，却有着一颗赤子之心，同时又有着一个真正的基督徒拥有的谦逊品格。

祖母被放出来，只是为了和委员会的成员们一起揭开门上的封条，将文件取出来，并且将文件逐一审查。显然，委员会的成员们并没有找到什么有价值的东西。尽管审查持续了整整九个小时，他们没有找到任何证据，表明我祖母有危害共和国利益的行为。对于我祖母杜邦夫人和她儿子来说，这却是非常快乐的一天，因为这一天他们可以见面。母子间的亲情让委员会的成员们十分动容，菲利多尔更是非常感动。这个菲利多尔，如果我没记错的话，他曾经是一名理发师，也是一位非常正直的爱国者。他对我祖母抱有十分深厚的友情，并且为了我祖母能够得到公正的审判而四处奔走，希望有一天，祖母能够被无罪释放。然而，他的奔走并没有什么效果，我祖母直到热月政变的那一天才最终获得自由。

雪月 16 号的晚上，我的祖母被移交到了英国人开的修道院，她在那里一直待到果月[①]的 4 号（1794 年 8 月 22 日）。在这期间的一段日子里，我父亲每天有一定的时间，可以在修道院的接待室里跟我祖母见面。每天到了见面的时间，他总是非常开心地在修道院里等待着，尽管外面冰天雪地，气温低到难以置信。因为我也是在同一个修道院里长大的，所以在我生命中有三年的时间，曾经走遍了这个修道院的每一个角落。

我父亲有时候要等上好几个小时，才能见上祖母一面，特别是在监禁刚开始的时候，见面更加困难。守门人的脾气变化不定，有时候故意不放祖母出来，我父亲就只能干着急。或许这也是革命政府的意思，因为他们害怕被监禁者与他们家属之间太容易、太频繁的见面会引发什么事端。因为长时间的寒冷，本来就瘦小而虚弱的父亲甚至患上了肺气肿。不过，纵使身体健康受损，这段经历却让父亲成长得更加坚强，获得了另一种收获。他不再一味任性，不再向自己的母亲抱怨生活中鸡毛蒜皮的小事和那些不顺心的挫折。好像忽然之间，他就长大了，知道自己该做什么，那个曾经被宠坏的孩子再也不见了。他隔着铁栏杆，看到对面可怜的母亲脸色苍白。母亲怕他在外面等太久，忍不住流下眼泪，滴到他冰冷的双手上，让他以后都别再来了，免得被冻着。每到这个时候，他总感觉很羞愧，不知道该如何安慰母亲，觉得对不起母亲这份关心。他终于懂得，为了自己在乎的人，吃再多的苦也是值得的。他对母亲说，自己没等很久，外面也不

---

① 果月，法兰西共和历的第十二月，相当于公历 8 月 18～19 日至 9 月 16～17 日。

冷。后来，因为他这种相见母亲的决心，似乎真的再也没有觉得冷。

我父亲的学业因此中断了。本来，他或许能成为一名音乐家，一个舞者，或者是一名剑术大师，但现在一切都成了泡影。而德斯夏特尔自己原先是那么喜欢教书，也不再收别的学生。我父亲从他经历的这件事中，却学到了更多的东西，这是其他任何教育都不能教会人的。这段经历让一个孩子成长，并且给他一生人格的养成起到了不可磨灭的作用。

第四章

在这里，我要将父亲那一脉的故事暂时告一段落，让我们把目光投到一个新的人物身上。这个人曾经在同一时间待在我祖母被监禁的那家修道院，就在我祖母房间不远的地方。

首先，我要提到一个人，他就是我的外祖父安托万·德拉波尔德。他曾经是一位卖鸟人，在他买下一家带桌球房的小咖啡馆后，就不再干卖鸟的营生了。我并不打算花很长的篇幅来讲他的故事，因为我其实对他也不甚了解。我的母亲基本上没有跟我讲过她父母是什么样的人，她跟他们并不熟悉，而且在她还是个孩子的时候，父母亲就离开了她。至于她的祖父是谁，她就更不知道了，而我自然也不了解。她的祖母又是谁呢，她也不清楚。在这个世界上，平民百姓的家谱永远不会像贵族的世系一样清楚。谁会有兴趣知道一个平民的家族里是否出现过品德高尚的君子，或是出现过心术不正的小人？谁又会关心平民的家族里哪些人一生清白，而哪些人忘恩负义呢？平民的家族没有头衔，没有族徽，没有家族成员的肖像画能够流传于后代，以便让人循着历史的踪迹寻觅家族的源头。当一个贫穷的人死去的时候，他便完完全全地死亡了。富人们带着轻蔑的眼光看着命贱如蝼蚁的平民，好像在他们的墓地上贴过封条，不屑一顾地从穷人的坟墓旁边走过。从来都不会想到，这墓里躺着的是一个即将化为尘土的人，这个人或许也曾有过自己的骄傲，曾经带着自己的理想活在这个世界上。

母亲和姨妈曾经对我提到过她们的外祖母，这位外祖母将她们抚养长大，是一位十分善良而又虔诚的女性。我并不认为，大革命的到来会摧毁她们的生活。不过，虽然她们没有什么能够失去的东西，她们仍旧遭到过很多苦难，就像那个时代许多人遭受的那样。这苦难对于她们来说，并不是在人生的每个阶段都会遇到的，也算是人生一笔宝贵的财富。令人费解的是，我母亲的这位外祖母是保皇党的一员。在大革命的风暴中，她每日生活在恐慌中，唯恐被牵连。就在这样的环境下，她将自己的两个外孙女抚养长大。事实上，她们一家人对当时的政治环境一点儿也不理解。一天早晨，有人来到了她们家里，说是要找家里的大女儿，也就是我的母亲。那个时候，我的母亲已经十四岁了，名字叫索菲·维多利亚。来的人给我的母亲穿了一身洁白的衣服，给她涂脂搽粉，还在她的头上戴了一个玫瑰花冠，把她带到了市政厅。母亲她自己也不知道，为什么她会被带到市政厅去。市里那些平民中有名望的人都聚集在市政厅，他们本来都是被关在巴士底狱或者是凡尔赛的监狱里，最近刚刚被释放出来。他们对母亲说：亲爱的小公民，你是咱们这个地方最漂亮的小姑娘，我们希望你待会儿表现得勇敢一点。你看，那便是科洛·德尔波瓦公民，他是法兰西戏剧院的一位演员。他待会儿会过来教你怎么用韵体诗并伴有一些手势来夸赞别人，我们再给你一个花环，等你到市政大厅的时候，你就把这个花环献给比利公民和拉法叶特公民。你把这件事做好了，也算是给国家做贡献呢。

当时还是“小维多利亚”的母亲很愉快地接受了这个任务，当其他漂亮的小姑娘们合唱的时候，把花环献给了市政大厅里的两位英雄。其他小姑娘显然没有母亲的责任重大，因为她们不需要给英雄献花，也不需要跟英雄讲话，她们排在后面，只能充当背景。

我母亲的奶娘克劳卡尔和家里的小女儿——我的姨妈露茜，一起跟着我母亲维多利亚来到了市政大厅。她们俩都感到十分高兴而且非常骄傲，从熙熙攘攘的人群中挤了进来，看着她们心里最美丽的珍珠——我母亲对台上的两位英雄宣读赞美他们的词，并且向他们献上花环。拉法叶特先生十分感动地接过了花环，十分有礼貌并且怀着浓浓的父爱，又重新把花环放到了我的母亲的手里，并对他说：“亲爱的孩子，比起我来说，你的脸蛋和这花朵更相称。”现场的人听到拉法叶特先生的话，纷纷鼓掌。之后，人们又为拉法叶特先生和比利先生举办了一场欢迎宴会。舞者们围着桌子跳舞，市里面年轻漂亮的女孩子们都被动员起来了，人群变得十分拥挤且嘈杂，克劳卡尔奶娘和我姨妈小露茜忽然找不到刚刚还神气地站在她们面前的母亲了。她们看着热闹的人流，不指望能在这一片混乱中找到我的母亲，而且屋子里很闷，她们俩便出来了，打算在外面等她。她们走在路上，后面人推推搡搡的，就好像是在追赶她们一般，人群中发出的兴奋的尖叫声让她们害怕。克劳卡尔奶娘并不是一个勇敢的人，她觉得巴黎这个大城市就像是一个会吃人的怪兽，她需要保护好自己和我的姨妈小露茜。她同时胆战心惊地想着，我母亲小维多利亚会不会被闷死在屋子里，或者说索菲姑妈已经被淹没在盛大的法兰多拉舞蹈[①]中。

一直到了很晚的时候，索菲姑妈被一群革命党人簇拥着，回到了她们那个寒酸的家，找到了克劳卡尔奶娘和她的妹妹小露茜。革命党人有男有女，他们把我的母亲保护得很好，也很尊重她，甚至连她的白裙子都一点也没有变皱。

这场在市政厅举行的晚会是跟什么政治事件联系在一起的？我对此一点儿也不了解，无论是我母亲还是姨妈都没能给我解释清楚。这也不是不可能，很多人就算亲身参与一些事情，也许并不明白这件事情到底是什么。所以对于这个晚会的意义，我唯一的揣测就是：拉法叶特借晚会的机会向人们宣布，法国国王已经回到了城里。

或许在那个时代，像德拉波尔德那样的小市民们会觉得大革命实在是一件迷人的事情。但是不久之后，他们却陷入了战争的泥沼，这场战争的起源来自那位朗巴尔亲王。这场战争对小市民们来说是一场可怕的浩劫，从这之后，在他们评价大革命的得失的时候，都会纷纷提起这场灾难。

那个时候，我母亲一家人生活十分贫困，我姨妈露茜不得不

---

① 法兰多拉舞，法国南部普罗旺斯地区的一种民间舞蹈。

做一些针线活来贴补家用，而我母亲自己也不得不在一个小剧场里做配角赚钱。对于后者，母亲始终不愿意承认自己曾经在剧场跑过龙套。不过我想，她一定有她不愿意承认的理由，有可能是她觉得这个活计不是十分光彩。在革命的暴风骤雨中，我母亲和索菲姑妈就像是茫茫大海上的两只孤舟，不知道她们将会驶向何方。革命的风暴充满了各种各样的不幸，痛苦的绝望，以及前途一片黑暗的迷茫，有的时候，这些苦难是如此强烈，以至于她们选择了逃避，同时让某些记忆在她们的脑海中永远消失。很可能的是，我母亲和露茜姨妈这两姐妹在那个时代的某个瞬间，对自己身处何地、将要去往何方都完全不知道。也有可能母亲害怕听到她笃信宗教的外祖母的责备，也害怕看到妹妹露茜时常流露出的恐惧，所以她不敢承认她对未来的绝望和内心剧烈的痛苦。但是，她的确在那个年纪受到了许多苦难，这是她亲口跟我讲述的，我一直不能忘怀。在这里，我从她的角度来给你们讲述这个故事，但是我希望，在我继续我的讲述之前，你们不要对她产生什么先入为主的偏见。

我不知道是什么机缘巧合，母亲在革命的恐怖氛围中唱了一首煽动性的歌谣，这首歌很有感染力，并且有反对共和国的嫌疑。到了第二天，就有人找上门来，要搜查她的房间。他们在房间里找到了这首歌的手稿，这个手稿是一个名字叫波莱尔的教士写的。事实上，这首歌曲的歌词确实是有些煽动性，但母亲仅仅只唱了其中的一小段，而且那一段很短。搜查结束后，我母亲和露茜姨妈当场就被逮捕了（天知道他们是以什么理由逮捕了她俩！）。他们先是把母亲和露茜姨妈关在了波旁宫的监狱里，之后又被移送到了另一个监狱，随后，她们被关在了那个英国人开的修道院里。或许，母亲被关在修道院里的时间和我祖母被关在其中的时间是一致的。

就这样，两个可怜的平民小姑娘就被关了起来，和那些镇上或者宫廷里风光的贵妇人们一起，遇到了同样的遭遇。龚塔特小姐也被关在了这里，还有英国宗教界最有权威的康宁女士，她也被关在了这里，据说她和龚塔特小姐的关系非同一般。龚塔特小姐是个演员，她有着一副柔软慈悲的心肠，而且在社交上十分活跃。可是等她被关到修道院里以后，她每次只要一见到康宁女士，就会双膝下跪，向康宁女士寻求宗教上的慰藉。康宁女士精通教义，她的精神十分丰富，而且很懂得人应该怎样生活在这个世界上。她就这样纾解着龚塔特小姐心头的郁结，鼓励龚塔特小姐在面对恐怖和死亡的时候要坚强起来。康宁女士时常把龚塔特小姐带到自己的房间里，劝说她要想得开些，从不拿未知的恐惧吓唬她。在这个年轻演员身上，康宁女士看到了一个美丽而善良的灵魂，这是任何的诋毁与污蔑都不能掩藏的闪光灵魂。这是康宁女士跟我祖母聊天时候亲口讲的，当时我也在旁边听到了。因为我曾经也去过那个修道院，那个时候，当康宁女士和我祖母重回她们被关押之地的时候，她们谈论起旧时的经历，以及那个荒诞的时代。

彼时，修道院里关着的人数量众多，而且不是同一批。经常会有新进来的人，自然也有离开的人[①]。所以，要是我祖母玛

---

① 【作者注】此处的“离开”指的是离开修道院，被送上了断头台。

丽·奥罗尔·德·萨克森和我母亲维多利亚·德拉波尔德彼此没有见过面，或者见过面也不记得了，这些都没什么好奇怪的。事实上，无论是我祖母，还是我母亲，在她们的记忆里，都不记得自己曾经在修道院里见过对方。但在这里，请允许我作一个小说式的想象：或许有一天，我父亲莫里斯在修道院的庭院里散步，严寒中，他被冻得瑟瑟发抖。他一边不停地用脚踢着墙壁，一边等待着能够和母亲见面的时刻的到来。我还猜想，当维多利亚在庭院里闲逛的时候，正巧碰见了一个长得十分漂亮的小男生，这个小男生就是莫里斯。这个时候，维多利亚已经十九岁了。如果之前有人告诉她，说现在站在她面前的这个男生就是萨克森大将军的外孙，她或许会说："他是个漂亮的男孩，至于那个什么萨克森大将军嘛，我听都没听说过。"我又继续发挥想象力，这时，会有一个人这样对莫里斯说："瞧见没有，那边那个漂亮的小姑娘，这个可怜的小家伙竟然连你外祖父的大名都没有听说过。听说，她是个卖鸟人的女儿，而且呀，她会是你将来的妻子……"我不知道，莫里斯是怎么回答这些话的，不过光想象一下那个情景，就感觉像是进入了小说里的情节一般。

当然，您也可以选择不相信我那些漫无边际的想象。不过呀，就算是我父亲莫里斯和我母亲维多利亚在那个时候没有正式的会面，他们也很有可能曾经遇见过，而且互相打了招呼，而且这样的事情肯定发生了不止一次。当时还是个小姑娘的维多利亚一定不会太多地关注这个跟她打过照面的学生模样的男孩；而我年轻的父亲小莫里斯那个时候沉浸在自身焦虑的忧愁中，就算见过我母亲几面，见过之后，也很快忘记了那个小女孩长什么样子。事实上，他们到后来回忆时，谁也不记得自己曾经在修道院里见到过对方，因为他们一直觉得，他们俩是在意大利相识的。那是数年之后，一场暴风雨中的邂逅。

对于除此之外我母亲的其他事情，我就完全不清楚了，母亲没有跟我说过，因为就连她自己都不记得那个时候发生过什么了。她只知道，后来她就被人从修道院里放了出来。就跟她当初被关进来时的情形一样，她不知道自己是怎么被逮捕，又是因为什么原因被释放的。克劳卡尔奶妈已经一年没有打听到任何关于自己那两个小孙女儿的消息了，她甚至觉得，维多利亚和露茜已经死了。当她看到两姐妹活生生地站在她面前的时候，她甚至有些惊恐。克劳卡尔奶妈没有像两姐妹预料的那样紧紧地拥抱住她们，反而就像是见了鬼一样，惊恐地睁大了眼睛。

虽然对当时发生的事情一知半解，我还是要尽我所能将我母亲的故事还原出来，而以上就是我能够知道的所有。接下来，我要将视角转向我的父亲。感谢他留下的那些书信，让我能够将在他身上发生的事了解个大概。

虽然我父亲可以和他的母亲在修道院里见面，以纾解母子间的思念之情，可这每日时间短促的会面并没有持续很长时间。革命政府采取了一项严苛的法令，禁止被监禁之人的近亲前来探望，并且把被监禁之人的近亲流放到了巴黎郊区的围场。除非有新的法令颁布，否则他们便不可以踏足修道院一步。我父亲和德斯夏特尔于是到了巴黎的巴喜门外定居，在那里度过了好几个月的时光。

这是我父亲和我祖母的第二次分离，这次别离远比第一次更加令人悲痛。因为这一次，仿佛是永远的分离，它摧毁了我父亲心中留存的最后一丝希望。我祖母也是悲痛异常，她紧紧地拥抱住我的父亲，就好像这将是他们最后一次见面一般。为了不让儿子难过，她在他面前很好地掩饰住了自己心头的悲伤和焦虑。

对于我父亲来说，在他心头挥之不去的是一种前所未有的不祥预感，对这一切他有些难以接受。这个可怜的男孩以前从未离开过自己的母亲这么长时间，他从不知道，原来分离是如此痛苦，如此令人难以忍受。他就像一朵花一样漂亮，像一个小姑娘一样，纯洁而敏感。那个时候，他十六岁，他的身体依旧羸弱，但他有着高雅而又迷人的灵魂。在这个年纪，一个被他温柔母亲抚养长大的男孩子是如此特别，他仿佛不属于任何一个性别。他的思想就像是天使一般纯洁，他没有孩子幼稚的任性，也没有不合规矩的好奇心，他敏感的天性让他发展出一种女性化的特征。他就像一个女儿一样爱着他的母亲，他被幸福包围，沉浸在母亲全部的爱意中。他母亲对他来说，就像是一个被崇拜的对象，是他的信仰。他知道什么是爱，所以他也知道，那一天，不是暴风雨，也不是机缘巧合，是爱让他遇到了自己生命中重要的那个女人，我的母亲。这是一种理想化的爱情，每个男人的一生中都会有一次，而且只有一次，义无反顾地投身到这种理想的爱情中去。在那个暴风雨的前夜，他一无所知，似乎生活在混沌的麻木中。而到了第二天，他便遇到了一触即发的爱情，他被激情吸引，被这位他心中的爱人主宰。

一个充满了感情的新世界的大门将要向他敞开，让他眼花缭乱。但是，他依然能够绅士而热烈地爱着这个新的信仰——他的爱人。这是因为，他已经从自己的母亲那里学到了什么是爱，真正的爱。

我发现，许多诗人和小说家根本没有充分地认识到，这种爱的体会到底是什么样子的。它是诗意的源泉，在一个人的一生中，这爱的感受只存在于稍纵即逝的瞬间，而这瞬间确实唯一且永恒的。有人说，在我们可悲的现实世界里，青年人已经不复存在了，或者换句话说，如今的人离“青年人”那种卓越而理想的人生状态愈加遥远。我觉得这种说法很有道理。我们现在每天能够看到的，都不能算是青年，顶多是一群不修边幅，连头发都不知道打理的初中生。他们没有受到过良好教养的熏陶，被社会上一些流弊所吸引，放任自己堕落腐化。在他们身上，我们再也看不见良好修养的影子，理想主义的精神气息更是消失得不见踪影。或许有的时候，会有奇迹发生，有些可怜的孩子能够有机会逃离令人头疼的学校教育。可是，一般来说，这种能够逃脱学校教育的孩子都已经失去了直率的想象力，以及这个年龄段孩子本该有的天真和无知。换句话说，他知道，自己学校里的同学们可能会引诱他走上错误的人生道路，他也知道，学校的看门人和学监们其实扮演着压迫他们这些学生的角色。这种清醒的认识不一定对他有好处，他因此感到愤怒，继而发展成一种阴郁的恨。渐渐地，他变得越来越丑陋，尽管他的天性让他生下来就是一个好看的孩子；他开始沾染上一些恶习，并且因此感到羞耻而不敢直视旁人的眼睛；他趁别人不注意的时候，偷偷看那些不良的书籍，可到了现实中，一个女人的目光都能让他害怕，甚至是母亲的爱抚都让他脸红心跳……于是我们说，他变成了一个坏孩子。

对于他来说，这个世界上最美丽的语言，人性中最伟大的诗歌，这些通通都使他厌烦，都让他反抗，都叫他倒胃口。人们粗暴地教育他，这教育中没有丝毫的智慧，仅仅是告诉他必须要做什么。他不愿意接受这样的教育，于是他变得愈发腐化堕落，只学坏的，不学好的。要再过许多年，他才能从这种糟糕的教育中解脱出来，才能用心去学一门语言，例如那门他当年学得很差劲的拉丁语，或者是那门他当初压根儿一点儿也没学会的希腊语；要再过去许多年，他才能培养出自己的品味，形成自己对于历史的正确看法；要再过去许多年，他才能戒掉儿时丑陋的坏习惯，戒掉那些粗野且情绪化的小毛病；要再过去许多年，他才能找回自信心，敢于扬起自己的头，无愧于心地坦率地直视每一个人……只有到了那个时候，他会真正学会怎样爱他的母亲。可是常常在一个男孩到了这个年纪的时候，他满心都被激情占领，他会忘记心底那份天使般纯净的爱。这种纯洁的爱就是我刚刚说到的男孩对母亲的爱，这爱就如同人一生中灵魂休憩的港湾，是通往生命绿洲中的休息站，是童年过渡到青春期的落脚点。

我上面所说的一切，并非是为了总结大学教育的弊端。原则上来说，我觉得大学将学生聚集起来共同教育的方法还是很不错的。然而事实上，就像今天许多人对大学教育的实践一般，我也会毫不犹豫地说，教育的运作其实应该有很大的提升空间，无论是大学的教育，还是在家里对被溺爱坏了的孩子的教育。

我剩下的观点，也并不旨在总结出什么特别的观点。像我父亲曾经接受过的教育并不具有普世的意义，这种教育对于一般人来说，可能太过于美好，同时又存在诸多缺陷。父亲的教育有两次被中断，第一次是由于身体的虚弱，第二次是因为对大革命到来的恐惧。 由于第二次中断之后的教育十分不稳定而且缺乏条理性，所以我父亲受到的教育其实是不完善的。 尽管如此，这样的教育却造就了我父亲这样一个坦率的人，他坚强勇敢，同时还有一颗无与伦比的仁慈之心。

我父亲的一生就如同一部爱情和战争交织的史诗，在三十岁的时候因为一场突如其来的灾难画上了句号。 他的英年早逝，让他在熟识的人中间留下了一个一直年轻的印象。 在别人的印象里，他是一个有着英雄情怀的年轻人，他的一生和法国那段波澜壮阔的英雄历史是分不开的。 在他的一生里，绝不乏趣味和魅力。 要是那段历史故事中的主人公不是我父亲、我母亲，或者是我祖母的话，它对于我来说将是一个多么有趣的小说主题！ 然而，不管别人做了什么，也不管我心里在想什么，这个世界上，没有什么比一部夹杂着爱情和宗教的小说更加严肃地反映历史的了。 在一部小说里，作者不会去写一个他爱的人，也不会去写一个他恨的人，所有的人物在他的眼中都是平等的，都是合理的存在。 我很赞同这个观点，我也希望能够坦诚地告诉我的读者们，我从未试图在自己的作品里刻意美化某个人物，或是污蔑某个人物。 不过，我现在所写的回忆录却并非是一部小说，体裁的限制让我不会将我父亲的一生当作故事一般天马行空地叙述。 在后文的讲述中，你们会知道我为什么不愿这样做。

另外，我从没有想过，我父亲的教育因为他在文学上的学习而更加有趣。 就像文学自身的特点一样，文学所承载的东西比科学的知识更加广阔。 它通过对简单事实的概括，对历史事件的叙述，和对社会问题的阐释，形成了自己本身独特的风格。

以上所有的文字都只是为了解释，我为什么要在接下来的段落里展示一系列的信件。这些信件可能并没有许多历史色彩，却是真真正正讲述了那个时代的历史。它们推动了历史的进程，它们同时也是历史的一部分。甚至那些看起来跟政治和历史完全不相关的小说，它们也在用自己的方式揭示了一部分历史。所以说，人类历史存在的诸多细节其实就隐藏在人们集体生活画卷的一笔一画中，这一点毋庸置疑。而我们生活的画卷，可以从过去的人记录下的文字中找到蛛丝马迹。不论是诉讼卷宗的干瘪记述，抑或是微不足道的家信，我们都能从中得窥当时的风俗习惯，以及先人们生活的点点滴滴。每个世纪，每个瞬间，人们的表述方式，人们的情感，人们的品味，人们关心的事都是不同的。正如法律的发展历史可以从各项法令的条条框框中觅出踪迹，人类风俗的发展历史也可以在那些信件中略见一斑。

我的儿子很喜欢写文章，不过当然，他的写作仅仅是自娱自乐，而非为了出版。他写过一个荒唐可笑的小故事，更加荒唐可笑的却是，他的这个小故事受到了评论家装模作样的“科学”点评。在小说的一个情节中，一个人给另一个人写信，信上写道：“哦，天空！送给我二十七尺[①]绿色天鹅绒布料吧！”当读到这一段时，我们坐在壁炉前，笑得前仰后合。我们的小作者信誓旦旦地向我们保证，引号中的话其实包含了一个很大的玄机。我们都没有揣测出来里面暗藏了什么玄机，不过我想起了一个例子：在路易十四统治时期，也曾经出现过上面写着天鹅绒布料的一封

① 此处为法国古尺，一尺约合 1.2 米。

信，后来那封信流传到了我的手里。之后，我百思不得其解，到底这里的“天鹅绒布料”代表了什么寓意。而在我儿子的这个小故事里，二十七尺绿色天鹅绒布料又蕴含了什么寓意呢？是一件衣服，一个家具，还是一个窗帘？它是那种奢侈昂贵的料子还是一般人家用的式样？价钱几何？是在哪里生产的？社会上什么阶级的人会用这种布料？很遗憾，我们并不了解诸如此类的细节。如果我们知道的话，我们就可以回忆起很多往事，无论是当时的贸易状况，抑或是那时候工人的命运，或是风俗习惯，又或是当时社会上各个阶级的人……我们都可以根据细节来重新架构当时社会的各个方面，重新发现经济生活的各个领域。因此，我们便可以将过去和现在做一个比较，并且总结出一些规律，找出解决当前社会问题的方法。

历史就是让后来的人引以为鉴的，它涉及了生活的方方面面，它是商业发展的备忘录，是一本烹饪的菜谱，是普通工人一生的自传。是以“二十七尺天鹅绒布料”才会有这么重要的意义。它可以用来辅助我们理解一部著作，例如我刚刚作为例子讲述的，那本路易十四时期的著作[①]。

因此，在我接下来的文本中，我会引述一系列的信件。这些信件是我的父亲在他十六岁的时候写给他母亲——我的祖母的。那个时候，他的母亲被囚禁在英国人开的修道院里。在这里，我要先给我的读者们提个醒，信件中讲述的多是些平淡无奇的事情，并没有许多的波澜和曲折，或许你们会觉得有些无聊。信件

---

① 【作者注】这本小说名字是《不为人知》，是莫里斯·桑一部鲜为人知的小说作品。莫里斯·桑（1823～1889），是法国著名插画家和作家。

讲述了两个被痛苦折磨的可怜人死气沉沉而枯燥乏味的生活，不过这些信件都写在九四年，因此还是具有一定的历史价值的。而说到这些信的思想价值方面，你们在读完之后，自然有你们自己的判断。你们将会看到两个清白纯洁的灵魂，一份忠诚的母子之爱，还有我们称之为“青年”的那天使般纯净的心灵。

1794年信件

第一封信
（具体日期不明）

我竟然被流放了！真不敢相信，竟然是流放！我究竟犯了什么罪，要接受这样的裁决？！啊！要是我能够预见到会是这样的结果，知道他们会对被监禁之人的亲属这么做，我当初一定会陪着你一起被关起来。现在我要跟你分离了，以后可能就再也见不着你了！是啊，流放的意思不正是这样吗！我亲爱的妈妈，请你一定要有足够的勇气，就当是为了我。我整日为你哭泣，现在眼睛都有些看不清东西了。我出了巴黎城，感觉自己就像是一个聋子，不知道自己要去哪里。要不是公民德斯夏特尔还陪在我的身边，用他的双臂紧紧抱住了我，我在离开巴黎城墙的时候，一定会倒在地上再也起不来了。我不敢写下去了，我害怕他们会检查我的信件，然后不允许给你看。到底是什么，让我们陷入了如今这么悲惨的境地？我得是犯了多么严重的罪过，才被责罚跟您再不能相见？可上帝啊，我的确真的什么也没有做过。我的母亲，我的妈妈！ 再见了，我亲爱的妈妈！

莫里斯

在此处，我发现这封信有些残缺不全。 第一封信理应是最撕心裂肺的，最能够感动人的。 或许在信中还有许多话，表达了对革命政府的埋怨，而我的祖母怕这些话被政府的人看到，招惹事端。 于是在她看完信之后，就把信的一部分给烧毁了。

第二封信

帕西，共和国第二年花月[①]（公历 1794 年 4 月）

妈妈，我们到先贤祠的时候肯定能见上一面，因为我要在先贤祠那里待上很长时间。 我的上帝啊，我亲爱的妈妈，这真是个不方便的见面地点！ 要是我能长到两百托阿斯[②]那么高，还拿着一个望远镜的话，我就能从所有关在修道院里的人中一眼找到你了。

昨天晚上，在我们见面（虽说是见面，可我们之间却相隔了很遥远的距离）以后，我在布洛涅的树林里散步，途中还有一场暴风雨给我助兴。 雨滴和冰雹一滴不差地砸在我的身上，不过这些你都不用担心，这些打击只会将我磨砺得更加坚强。 在穿过肆虐的狂风和滂沱的大雨后，我到达了市政厅，那里的人都很有礼貌。 因为有个人说，我们可能要被流放到更遥远的地方，在那边

---

① 花月，法兰西共和国历的第八月，相当于公历 4 月 20～21 日至 2 月 19～20 日。

② 身高单位，一托阿斯约合 1.949 米。

也有政府会保证我们的生活，我们也会受到礼貌的对待。 可是我宁愿待在巴黎，被那些愚蠢的人羞辱，也不愿意离你更远。

晚安，我亲爱的温柔的母亲，我用整颗心拥抱你。 我已经有六天没这么高兴过了，这六天对我来说真是漫长而又悲伤！

莫里斯

第三封信

（这封信也有一部分残缺）

帕西，共和国二年花月19日（公历1794年5月）

我亲爱的妈妈，如果说，我的流放对我来说是一件非常痛苦的事情，那是因为流放让我再也不能跟你见面。 不过，分离却也有它的好处。 它让我感到内心十分孤独和空虚，我不得不让自己忙起来，用劳动来填补这空洞。 在巴黎的时候，我一整天都精神恍惚，不知道自己在想什么。 我需要不停地走路，拜访朋友，到最后，大把的时间都被我挥霍掉了。 而现在呢，我变成自己一个人，周围的人我都不认识。 我只能不断学习，防止自己沉沦于烦恼之中，在漫长而孤寂的一天里消磨意志。 我每天一睁开眼就开始工作，马不停蹄地连干三个小时。 因为我是自己一个人，周围也没有人打搅，我得以把全身心都投入到工作中，严谨地对待每一个活计，这是我以前从没能做到的。 之后公民德斯夏特尔来了，他递给我一封信，是你写给我的。 所以，当每天你在读我的来信的时候，我也在读你给我写的信。 到了下午，我就和德斯夏特尔出门，我们一起到布洛涅的树林子里散步。 在那里，我们可以看书，互相读书给对方听。通过这种方法，我们每天都生活得很充实。昨天晚上，我又去了市政厅，去开了一张工作证明。他们找出好多借口来为难我，他们说我出生时受洗的证明是不合法的。不管怎样，他们还是答应明天就把证明开给我，我已经能够很好地处理这些事了。

晚安，我亲爱的妈妈。公民德斯夏特尔觉得很累，我们从市政厅回来时已经很晚了，他想要赶快睡觉。原谅我只写了这么简短的一封信，要怪就怪德斯夏特尔他太懒。

我拥抱您，妈妈。

莫里斯

第四封信

帕西，花月20号

我亲爱的妈妈，我现在正躲在火堆的角落里给你写这封信。我不知道自己曾经对厄尔先生做了什么，还有波尔和他的同伴们，在这里，他们都排挤我。我觉得，今天早上当我们在天台上见面[①]的时候，要是我的脸色更苍白一点，说不定他们就能把我送回巴黎了。我觉得他们的心地很好，我向您保证。要是他们一直都不允许我去探望你，那么接下来和你分离的三十二个月就将变成对我的折磨。唉，我们本来就已经许久没有见过面了，我亲爱的妈妈，我多么想拥抱你！满满的工作能让我暂时忘记孤独的

---

① 【作者注】他们俩都被送到了先贤祠，这一点我们在前一封信里也看到了。他们俩有一个时间同时都在先贤祠的一个天台上活动，在那个时候，他们就可以见上一面。他们俩把这个时刻叫做他们的“见面”。

痛苦，可这个世界上却没有任何东西能让我从与你分离的痛苦中解脱出来。 这种想法就像一条蠕虫，撕咬着我，像毒药一般将我的幸福扼杀。 我看着这些美丽的树丛和郁郁葱葱的林荫道，它们有的在阳光下闪着光，有的显出灰暗的颜色。 树干上长满了青苔，树根旁边是出生的柔嫩小草。 当我看到这一切的时候，不仅不会觉得幸福，反而更加痛苦。 我自己散着步，感受春天的愉快气息，但是不久之后，我就会走上那条小路，会回忆起自己曾经跟你一起在这条路上走过。 于是春天的景色失去了意义，我越发沮丧。 我无时无刻不在思念你，以至于当我看到自然的美景时，得到的不是愉快而是悲伤。

我的头疼病最近好多了，乡下的清新空气让我们的身体都很健康。 自从我到了这里以后，我的偏头痛仿佛消失了一般。 现在我感觉很疲惫，每天到夜里的时候，我睡觉都会梦到跟你在一起。 这让我很高兴，但是我总是要醒的，每天一醒来，我的快乐就随着美梦不见了。

再见了，我亲爱的温柔的妈妈，我用我的整个灵魂拥抱你。

莫里斯

第五封信

帕西，共和国二年花月 22 日

亲爱的妈妈，我每天早晨都在想，你是不是对所有发生在我身上的事情都很感兴趣。今天我跟朋友[1]谈话时说到了拉封丹，之后我又重新读了拉封丹的寓言。我的这位朋友给我讲了许多寓言性质的有趣小故事。如果要是从他的行为判断，人们一定会以为他精神失常了。拉封丹的寓言我以前曾经草草地翻过，寓言里充满了各种美好的东西，我都一一信以为真。那个时候的我是多么的单纯简单，而那种单纯是多么美好而令人怀念啊！

马丁之后过来，他给我从你那里带来了巧克力。你还能想到这个，我心里十分开心！小时候你不准我吃巧克力的时候我还不高兴，我知道你那时是为我好！现在见不着你的面我感觉很难过，希望你每天都快乐！

我很想听到你的消息，自从我收不到你的来信，我总感觉自己跟你的距离有超过四十里那么远。我知道你现在过得很好，但是你要是没有亲口告诉我，我还是放心不下。我知道你不方便给我写信，但是我心里仍旧有种莫名的担心，我也说不上来是为什么。最后，我还是希望你能写一封信来，这样我就安心了。我现在期盼着你的来信，就如同在灼人的沙漠里，长途跋涉后口渴的旅人期待泉水一般。写作，这门将感情和思想写在纸上的艺术应该也是由分隔两地的人发明的吧，就像我们俩一样。中间隔着不可逾越的阻隔，只能通过笔尖互诉衷肠。在漫长而痛苦的分别中，一封信的到来将多么令人欣慰！能够互相倾诉、互相回应是多么美好！就应该像我一样，既品尝过收到信的宽慰，也懂得等

---

① 【作者注】这里的朋友指的是赫克尔先生（M. Heckel），他写了一部哲学作品，讨论外交和人的权利。他早年经常出入我祖母的家，因此和我的父亲莫里斯结下了非常深厚的友谊。

待的代价。我亲爱的妈妈，我希望，当你收到这封信的时候，我们能够继续通过写信来相互交流。看看这四天我是怎样度过的吧，在所有的时间里，我完全茫然不知所措。过去，公民德斯夏特尔帮我取信，他从来都不会让我等得太着急，我数着分钟的时候他就到了。现在，我再也不看时间了，他想什么时候来就什么时候来，这都与我无关。但是我希望在不久之后，我能再次不耐烦地等着信，一分钟一分钟地算着时间。给我写信吧，求你了妈妈。告诉我最近你那里发生了什么，我迫不及待地想知道。我听说不久之后，行政官和警察的审查都会结束，人民委员会又会重新活跃起来。我很希望这件事赶快落实，因为跟你分别的分分秒秒我都十分难过。去年我们度过了一个愉快的夏天，每次回忆起那段共同生活的美好时光，我都十分激动。我们曾经生活得那么幸福！如果说那段回忆里夹杂着许多愉快的感受，我跟你保证，那些愉快的过往在如今看来都变成了苦涩！最后，我亲爱的妈妈，如果我们重新回到那段快乐的时光，我们要一起唱那段二重奏：

所有的日子为我们祝福，

快乐的瞬间让我们相聚。

再见了，我亲爱的妈妈，我拥抱您，用我的灵魂，用我全部的心灵，用我全部的力气，用我所有的爱拥抱您！

莫里斯

第六封信

花月 24 日

我亲爱的妈妈，我多么希望能够收到你的来信。收到你来信的快乐对我来说，比我曾经感受过的任何幸福瞬间都要让人激动。我唯一希望能够做到的事情，就是能够和你互相通信。又或者说，我更希望我们再也不用互相通信，这就说明我们可以见面了。这样我就可以站在你的面前，亲口告诉你所有我想说的话。所以说，人就是这样啊，永远都不会满足！当我被禁止给你写信的时候，我一直在想，他们什么时候才会把这写信的自由还给我。现在我愿望达成了，可以写信了，却又得寸进尺，和你团聚的愿望愈加强烈。

有人跟我说，现在委员会的人想尽了各种办法，想要让人民委员会重新发挥作用。我不知道他们是怎么四处活动的，但是不管是谁执政，我都希望正义能够被尊重。

我今天早上的时候，看到了博蒙特公民①，还有我的那位朋友赫克尔先生。我们一起散步，走了很长时间。在这里，我就不跟你详细说当时我们谈论了什么了，想必你一定都知道。

我把这两位来探望我的人一直送到篱笆墙边，我却不能再往前走了，对此我感到十分不习惯。还记得以前时候，我就是从这条路跟你一起走到了布洛涅的树林，有时候我们还在这条路上骑着马。每次我走到熟悉的地方的时候，内心都十分受煎熬，正如

① 【作者注】Abée Beaumont，修道院院长博蒙特，我父亲的叔叔，是布雍（Bouillon）公爵和维利尔（Varrière）小姐的儿子。

这次我走到了这个熟悉的篱笆墙旁边。我站在这里，可你却不在了，我再也不能向路的尽头奔去，奔到你的怀抱里去了……但是，我忽然看到了一篇小的评论文章，我在上面瞥到了“断头台”这个词。我戴上眼镜，回到了桌子旁边仔细看起这份报纸来……不看则已，看后我不由得十分激动。难道是上帝答应了我的请求？我们很快就可以团聚，我再也不需要离开你了！我真想紧紧地拥抱你！

莫里斯

第七封信

（没有明确日期）

你给我的来信中所标明的写信时间似乎永远都是清晨的六点，这个时间点让我很吃惊，我亲爱的母亲。你睡得那么晚，可是起得却如此早，我怕你睡眠时间不够。我很担心这样的作息时间会损害你的健康。

昨天晚上，当我们边看边走，漫步在凡尔赛附近的小路上时，我们似乎听到有个声音在叫我们。我们定睛一看，原来是傅叶，他是革命委员会的一名成员。他跟我们一直维持着深厚的友谊，并且常常向我们问候你的近况。不过他当时坐在一辆汽车上，所以我们没能和他交谈很长时间。

我听人说，如果一个月之后人民委员会还是不能行使职权的话，将会由国民安全委员会来根据相关法规，决定如何处置被关押之人。之后，每个人都说了说自己最近得到的消息，但是这些消息的真实性就很难得到证实了。

亲爱的妈妈，我一直在考虑我们前途命运的问题，就算在睡梦中也依旧忧虑，但还是没有思考清楚这个问题。你跟我说，你越是往前走，就越看不到希望。但有个事实是确定的，人所受的苦难总会有尽头。所以，当我们越是往前走的时候，就是我们越接近苦难结束的时候。如果我们怀念快乐的日子，我们就该享受苦难的每分每秒，把苦难当成是治愈伤口的良药，看成是通往快乐日子的必经之路。妈妈，你现在受到的苦难会将你带到更大的幸福中去！到时候，我们在这六个月中承受的伤害和痛苦都会痊愈。昨天晚上，我沿着流向默东①的那条河的岸边散步，这是一次非常愉快的经历。长满蓊郁树木的山丘还有漂亮的乡村房屋一直延伸到天际。从某些角度望过去，你的眼睛都会被这美景震惊。在这个巴黎郊区的地方，向我们展现了这样美妙的建筑和风光，这是最令人心旷神怡的乡村风情。在这次散步的经历中，我是多么希望你陪在我的身边！因为没有了你，再美丽的风景我也失去了欣赏的心情。

之后，我回到了奥特尤尔，我问别人，布瓦洛②的故居在哪里，所有的人都知道。布瓦洛的房子是一间很古旧的建筑，房子里现在居住者一个性格古怪的人，他对布瓦洛没有一丝一毫的敬意。这个人重新粉刷了房间，把整个房子搞得好像新房子一样，他甚至把房子周围的篱笆全部拆掉了，紫杉也都被剪秃了。他把

---

① Meudon，是法国法兰西岛大区上塞纳省的一个市镇，属于布洛涅-比扬古区县。

② Boileau，法国诗人、文学批评家。被称为古典主义的立法者和发言人。最重要的文艺理论专著是1674年的《诗的艺术》。这部作品集中表现了他的哲学及美学思想，被誉为古典主义的法典，对当时法国和英国的文坛影响很大。

花园修成了英式花园的风格，而这个布瓦洛曾经走过的法式庭院里，或许阿盖索、拉莫宁、拉辛、莫里哀、拉封丹都曾在这里畅谈。在这个房子里，我只找到了当时留下来的一条过道，或许是现在房子的主人没有注意而无意中保存下来的。或许就在这条过道上，布瓦洛曾经沉思着他作品的序言；或许就是在这条过道上，他向丑恶起草了战书；或许就是在这条过道上，他向人性中的丑恶发出抗争。

如果布瓦洛的故居归我所有的话，我一定会保留它所有旧时的装饰。除了必要的维修之外，我不会对这间房子大肆整修。花园里会挂着旧时的画作，我请的花匠也会是一个叫安东尼的人，这整个的房子都只是为了纪念我们这位伟大的诗人。

在我从布瓦洛故居回来的时候，我一直在想，就像我们曾经说过的那样，对你的拘禁不会持续很长的时间。等你出来的时候，我们就一起去参观那些老房子，我知道这一定会让你高兴。郊外还有一个地方，你可以从另一个视角看到整个巴黎。在那里，还长着一棵树，就像卢梭家里的那棵一样，它挡住了身后的圣·日内瓦山，还有那片会勾起你伤心回忆的沙滩。唉，要是你能跟我一起去该多好！那样的话我一定特别高兴！我希望这一天早早地到来……

我用我全部的灵魂、所有的柔情拥抱你，我亲爱的妈妈。

莫里斯

第八封信

帕西，花月27日，晚上八点。

我刚刚回到房间。安东尼从你那里得到了有关我的消息，我之前还担心给你写的信到不了你的手里，听他一说，我安心不少。现在，所有传来的消息都是让人难过的坏消息，一会说不允许别人探视你了，一会又说不允许别人给你写信了。什么时候这些折磨人的消息能够停止？再见了，我亲爱的妈妈，安东尼要离开了。他快要迟到了，我也还没来得及在那份市政厅的文件上签名。

莫里斯

第九封信

花月28日

我遵循了你给我的建议，我亲爱的妈妈，今天下午我又重新看了一遍布瓦洛的书。但是我觉得深入了解布瓦洛思想的大门已经关闭了，我现在只不过是从门外稍稍窥得布瓦洛思想的一点皮毛。我很疑惑你为什么不愿意重新整修院子里的紫杉还有篱笆，你可能更喜欢有着长长的白色枝丫、树枝伸展在半空中的树，而不是那些灌木类的植物，你也不喜欢那些光秃秃的、像钢铁一样呆板僵硬的树。可是我想去整修那些灌木并非是出于浪漫主义的情怀，而是为了让我自己在思想和精神上都更接近布瓦洛生活的状态：就像当我们在表演古希腊或者古罗马戏剧的时候，我们会穿上当时希腊人或者罗马人穿着的衣服，把他们当时的建筑和他们的家具搬上舞台。同样的，为了保证没什么疏忽的地方，我还会戴上一顶羽毛装饰的大帽子，把袖口打上结，漫步在布瓦洛曾经走过的花园里……不过现在，我要暂时离开奥特尤尔的花园，回到现实中来。那个人民委员会根本没什么作用，不管如何，它至少还是在花月15号的时候正式运行了。现在已经是花月的28号了，很显然，那些委员们根本没有考虑到被监禁的人。当我知道将要召开一个特别法庭，来审理被关押起来的人时，我就意识到你很快可以被释放了。他们会公平地对待每个人，而你自然也可以得到公正的对待。所以我们现在都满怀着希望，不过也有人说，最终的结果还是要靠国民安全特别委员会来裁定。

晚安，我亲爱的妈妈，我拥抱你，就像我以前在家入睡之前拥抱你一样。我是多么怀念那个时候的日子！那个时候，我们多快乐呀！如今我们分隔两地，就像是树叶被风吹到了不同的地方，我们甚至都不知道为什么我们要遭受这样的分离！

莫里斯

第十封信

花月29号

到今天为止，我已经有三个星期没能和你见面了，我一直被限制在这个“愉快”的地方，和你远远地分离，远离我的家、我的朋友们。我的身体和心灵都十分疲惫。身体上的疲惫是因为我今天出去散步，走了很长的一段路。而说到心灵上的疲惫，这个夜晚都不能使我安眠。我需要和你待在一起，其他的我都不需要。你把我比作一枝玫瑰，我亲爱的妈妈，不瞒你说，这六个月来，我变得越来越忧郁，面色愈发苍白而心情愈发沉重。

用一句话来表述，那就是我简直是在和奥赛罗①争辩，我需要福玻斯②给予我光明。在思想上，我再也看不见美丽事物身上的美好，无论是百合花还是朝霞，都无法让我快乐起来。在我的生命里，只剩下冰雹和雨雪，诺昂的电闪雷鸣让我心存恐惧。这些自然的馈赠是为了这片土地上的人们，它们并不只属于我们这辈人。济贫院的人们该是多么快乐，他们不曾拥有什么，他们也不害怕失去什么！和我的所有境遇比起来，我眼前这点遭遇有什么好忧虑的呢？我想说：

所有现在存在着的一切都教我开心。

伟大的上帝，我知道这一切都是你的馈赠。

我今天就写到这里，只要有人能把我亲爱的妈妈送回来，我还要求什么呢。

再见了，总是要说再见。什么时候，我们能用互道早安来代替呢？

莫里斯

① Otello，奥赛罗，是莎士比亚的四大悲剧之一《奥赛罗》的主人公，《奥赛罗》是莎士比亚大约于1603年所写作的。奥赛罗是威尼斯公国一员勇将。他与元老的女儿苔丝狄梦娜相爱。因为两人年纪相差太多，婚事未被准许。两人只好私下成婚。奥赛罗手下有一个阴险的旗官伊阿古，一心想除掉奥赛罗。他先是向元老告密，不料却促成了两人的婚事。他又挑拨奥赛罗与苔丝狄梦娜的感情，说另一名副将凯西奥与苔丝狄梦娜关系不同寻常，并伪造了所谓定情信物等。奥赛罗信以为真，在愤怒中掐死了自己的妻子。当他得知真相后，悔恨之余拔剑自刎，倒在了苔丝狄梦娜身边。

② Phoebus，福玻斯，日神，是狮子座守护神。福玻斯是希腊神话中的太阳神，是朱庇特与黑暗女神勒托（Leto）的儿子，又名阿波罗。福玻斯是光明之神，在福玻斯身上找不到黑暗，他从不说谎，光明磊落，所以他也被称为真理之神。福玻斯的典型形象是右手拿叫“里拉”的竖琴，左手拿象征太阳的金球。他很擅长弹奏七弦琴，美妙的旋律有如天籁，所以也是音乐之神；福玻斯还掌管诗歌和医药，所以还是诗歌之神和医药之神。他是希腊神话中最多才多艺，也是最美最英俊的神祇，同时也象征着男性之美。

第十一封信

帕西，法兰西共和国二年，牧月[①]1号

这一天终于来了，我们终于看见了希望的曙光！要是你看了报纸的话，你就知道革命委员会的委员们是怎么判断现在的形势的。被关押的人将会被分为三个类别，第一批人将会被递送至革命法庭，接受审判。那些经革命委员会判定，被认为并非是犯了很严重的罪而被关进来的人，将会被递交至国民安全委员会。这些人可能会被流放，也可能会被继续关押直到叛乱分子被全部清剿，这些人不会被当庭释放。然而不管怎么说，只要你被递送到国民安全委员会，你就相当于是已经获得自由了！这个好消息让我度过了十分快乐的一天，这一天我的心情是以前所有悲伤的日子里所不能达到的。我刚刚在德·瓦兹莱先生家吃晚饭，之后又到德·塞莱纳先生家里去待了一会儿。德·塞莱纳先生家里有个年轻人，他是卡拉莫茨的学生，演奏竖琴的技艺出神入化。他的演奏让我心情十分愉快，我已经很久没有听过音乐了。你说的对，音乐的确能够陶冶人的情操，提升人的精神，特别是它还可以让我暂时忘却对和你见面的热切渴望，让我不再时时刻刻地想着拥抱你，和你在一起。我现在只要一想到你就快要恢复自由，就高兴得想跳起来。在我们漫长而煎熬的分离之后，这样的消息是多么令人欣慰呀！只要能让我见到你，我就什么忧虑都没有了，我也再没有别的奢望，只要在你身边，我所有的愿望就都已

① 牧月，即法兰西共和历的第九月，相当于公历5月20日至6月18日。

经达成。

晚安吧，我亲爱的妈妈。我想，我也会带着笑容进入梦乡的。多少个漫长的黑夜，我做梦都希望你能获得自由，希望咱们两个能够在一起。昨天，在睡得迷迷糊糊的时候，我还以为我们已经重逢，就在以前的房子里，还有维克多，我们的朋友们也在那里，我们围坐在壁炉旁边，快乐地交谈。在这愉快的幻境中，一切都是那么美好。可是突然之间，一个令人恼火的恶魔进入了我的梦境，让我在惆怅中醒来。睁开眼的时候，你已经不在我身边。我亲爱的妈妈，让我再给你道一次晚安，我想要将你轻轻地拥抱在我的臂弯里。

莫里斯

第十二封信

牧月 2 号

亲爱的妈妈，我现在就在我房间的壁炉旁边给你写信。今天我回到屋子里的时候，浑身冻得冰凉，身上简直变得僵硬麻木，没有了知觉。之后，我的朋友赫尔克先生来看我，我本来想带他到外面的牧场转一转看一看，可是外头实在是太冷了。低温天气让我们错以为自己还身在一月份，严冬的寒风仿佛要把人冰冻一般，我们只好打消了出去走走的念头。妈妈，你肯定想象不出，在你不在的日子里，我是多么的痛苦。每当我把自己孤独而悲伤的生活跟你的生活相比较，我深深感受到你的痛苦其实更甚于我。我感到深深的自责，觉得自己被什么束缚住了，不能为你做些什么。以前我们一起做过的有趣的事情，今天回忆起来，只有无尽的惋惜和不舍。 有一天，我听人讲《俄狄浦斯王》[①]的故事，这个故事你以前也讲给我听过，就在上个夏天，我们还一起读了这个故事。 当我听到这个故事从别人的口中讲述出来时，我不由地想到了你，心里又是一阵难过，我们以前一起经历过多少美好的时光啊！ 我们曾经是那么快乐，可如今，我却再也找不到曾经的幸福了！ 过往的种种回忆都让我愈发难过，我多羡慕那些在路边玩耍的、心思单纯的孩子们，他们无忧无虑，不懂得什么是流放、什么是逮捕，他们不知道离别的苦痛，也不必为深爱之人的安危胆战心惊，他们也不会每日从噩梦中醒来……

我今天在一位先生家吃了晚饭，这位先生和他的妻子与我们有着深厚的友谊。 他是我见过的最文雅的人，至于他的儿子，我们很快就熟识了。 他并没有和父亲一起住在帕西的房子里，他住在上塞纳省[②]，不过这可不是我们谈得来的理由。

晚安了，我亲爱的妈妈。 给你一千次的拥抱，温柔地就如同我对你的爱一般!

莫里斯

第十三封信

牧月3号

我亲爱的妈妈，我总是在梦里见到你。 昨天晚上，我就又梦

---

① 《俄狄浦斯王》，“戏剧艺术的荷马”、“命运悲剧大师”索福克勒斯的古希腊戏剧作品，塑造了俄狄浦斯这一悲剧的形象。 俄狄浦斯是外国文学史上典型的命运悲剧人物，他是希腊神话中忒拜（Thebe）的国王拉伊奥斯（Laius）和王后约卡斯塔（Jocasta）的儿子，在不知情的情况下，杀死了自己的父亲并娶了自己的母亲。

② 巴黎的富人区。

到你了！ 我无时无刻不在想念你，甚至在我睡着的时候，依旧挂念着你。 如果说沉睡是死亡的投影，那么当我死了之后，会不会就可以在梦里永远和你不分开了，我情愿就这样一直睡着，沉浸在有你的美丽幻境里永远不再出来……

在和你分离的日子里，我就这样时常在梦中和你相见。 白天，我就不停地读书，打发无聊的日子，这悲惨的命运已经将我局限在一个狭小的空间里。 你跟我说，要我好好练习小提琴，可是我一直没有机会碰到琴。 直到今天早晨，我才能真正摸到小提琴。 既然你希望我好好练琴，我就向你保证，我一定勤加练习。等到有一天，我站在你的面前，拉琴给你听，你一定会发现我拉琴的技术有了很大的提高。 我们所有的希望只能寄托在未来，我十分痛恨这样可悲的境遇！ 我却常常活在过去，就像我常说的：我曾经和你有过美好的回忆，我曾经和你在一起，这是多么可悲，我一定要改变这一切！

上面的这封信，以及下面将要给你们看的零散片段都没有标明日期，不过，它们都是在牧月写的。

第十四封、十五封以及第十六封信

（一些没有标明日期的只言片语）

亲爱的妈妈，我是多么感谢你送给我一条项链和一绺头发！它们对于我来说，实在是无比珍贵！ 我一定要将它们长久地保存在我身边，不让他们离开我！ 触摸到这绺发丝，我仿佛感到，在某一个瞬间，你就站在我的身旁。 我回忆起你在巴黎的梳妆室，那个时候我在你身边是多么幸福！——对了，我今天还找到了一张你的肖像！从今天起，我要把项链挂在我的脖子上，从此以后再也不会丢掉它。我每天和这条项链说话，就像是和你倾诉心事一般。它静静地躺在我的目光下，却不能纾解我心中的忧愁。它是你给予我的礼物，可它毕竟不是你！

在望远镜的帮助下，我一次又一次地想向你接近。对于一个流放的人来讲，能有一个望远镜的镜片都是奢侈的，有了它，我可以远远地看到巴黎，或许，我甚至还能看到你！

我的上帝，对你的思念是一种煎熬，这煎熬的命运几时才能到尽头？

再见了，我亲爱的妈妈。对你的爱，我无法用语言表达，希望你能感受到我深沉的爱！

亲爱的妈妈，我看到挂在我颈上的项链，就仿佛看到了你一般。你就在我的心上，在我最深的记忆里……今天晚上，我经历了一次特别奇妙的冒险。当时，我和德斯夏特尔公民两个人正在窗户边儿，一起读《俄狄浦斯王》这本书。当我们快读完的时候，我们听到身后有人鼓掌[①]。我们偏过头去看，正好看到一个穿着旧式服装的男人，他走过来，向我们表示他并不是什么打探情报的间谍，并且希望得到我们的允许，继续听我们读书。他的表情十分诚恳，给人一种诚实可靠的感觉，在和他交谈了几句话后，我们便邀请他进到了屋子里，他很热情地欣然答应了。于

① 【作者注】我们待的房子是在一楼，而那个鼓掌的男人是在屋外的巷子里头。

是，我和德斯夏特尔公民就在他的面前演了几出《俄狄浦斯王》里面的戏剧。随后，他拿出了一把小提琴演奏起来。听着他的琴声，我们仿佛置身在歌剧院一般。他的演奏悠扬而动听，他真是个无与伦比的音乐家，技艺高超的小提琴手。我听了之后，十分感动。我一向是十分欣赏好音乐的，尽管我时常想叫德斯夏特尔学习音乐，可他却总是不乐意。我们这位新朋友为了消除我们的疑虑，让我们知道他不是来打探消息的人，又先于我们表明了他的身份。原来他名叫嘉维涅，在意大利的时候写过不少的歌剧，他还在剧院里担任过很长一段时间的首席小提琴手。交谈间，我们很惊奇地发现，原来他还认识我的父亲——他总是称呼我父亲为“弗朗科尔”。在卢梭写《乡村卜师》①的时候，他和我父亲曾经一起为这本书写过曲子。另外还有其它种种，在此略过不提。因此，虽然他以前没有见过我，却像是跟我很熟识似的。后来，他又演奏了一曲，便跟我们道别。走的时候，他告诉我们，如果他不能回到巴黎，他就会常来看我，指导我的小提琴。他还没仔细看过我的小提琴，就知道这是把什么样的琴，甚至能认出小提琴的编号。这简直像是遇见了知己一般，人生几时能够遇到这么幸运的事啊！

这次奇遇极大地鼓舞了我，让我有信心苦练小提琴。我打心底对音乐有着极大的热忱，要不是因为从小没有老师教导，说不定我也能成为一名音乐家。今天晚上，我又找到了一把小提琴，这把小提琴我以前从未见过，拿起之后爱不释手。音乐给了我很

---

① 《乡村卜师》，18世纪法国作家卢梭写的歌舞剧，后来曾多次上演，取得了巨大的成功。

大的欢乐，也给了我人生前进的勇气。我这样勤加练习，等到见到你的时候，就可以拉琴给你听，你也会看到我的巨大进步。啊，我好像今天才发现这个新爱好似的，看来我以前对小提琴的探索实在不够……

我今天看到了奈丽娜[①]和它的小崽子们，我很喜欢这群小家伙。奈丽娜生的小崽子在散步的时候懒洋洋的，似乎很是疲乏的样子，我们便把它抱在怀里。它的小脑袋耷拉在我胳膊上，就好像静静躺在落叶铺成的床上一般，过一会儿，它睡着了，便蜷缩成一个球。它就是这样被人从巴黎抱到这儿来的。它是如此温和乖巧，惹人怜爱，长相和性格各方面都像极了它的母亲。和奈丽娜一样，它也喜欢在人的手上跳跃，样子可爱极了，真是个神奇的小动物。小不点儿现在还没有名字，我希望你给它取个名字，这样一来，它之于我就更加珍贵了。我请求你，给它寻个合适的名字吧。你也可以征求旁人的意见，听听不同的看法，正像那句名言："思想碰撞之时，乃是真理迸发之日。"

小不点儿的到来也是件意料之外的事情。不管怎么说，我等着你给它取个名字。

再见了，我亲爱的妈妈。我似乎有点太唠叨了，今天就暂且说到这里吧……我的上帝，现在我觉得你就像在我身旁一样。啊，我的好妈妈，我拥抱你，用我全部的灵魂，一千次地拥抱你！

莫里斯

---

① 【作者注】奈丽娜，我祖母最喜欢的小狗的名字。

第十七封信

花月的某一天

我们今天爬到了五楼顶上，每个月付四法郎多一点的钱，我们就可以到楼上欣赏这奇妙的景色。我们住的一楼实在太潮湿了，简直让人难以忍受。公民德斯夏特尔的房间状况尤其糟糕，他只好搬到我的房间里来。他把凳子拼在一起，在上面铺上一张垫子，当作自己的床。每天晚上，他都会给我读达斯尼埃尔先生的戏剧……

由于处在地势较高的地方，我便可以拿着从维泽尔先生那里借来的望远镜，观察远处的圣·日内瓦山。要是我能看到你待的那个修道院该多好！看到它，至少会让我觉得和你更近了。我多想突然出现在你的面前，我亲爱的妈妈，我会告诉你，我已经观察了巴黎的许多地方，而你一定会惊奇于我的见闻……至于我的个子嘛，倒是长得很快，现在几乎跟公民德斯夏特尔一般高了。唉，说到这里，我多想见你一面，我觉得自己已经有一年没有见过你的样子了。

再见了，我亲爱的妈妈。我想轻轻地拥抱你，用你给我的爱一样温柔的方式。

莫里斯

第十八封信

花月的某一天

你说怕项链不够长，没法在我脖子上绕两圈。你说得很对，不过我把链子相交着缠了两圈，倒是也没有那么紧，并不觉得难受。有你的东西陪伴着我，十分开心。我心里非常感激，简直找不到合适的词来形容我的心情。在接下来的几天里，我想好好地给你画一幅肖像。许久没有见到你，光凭记忆来作画可能会有些难，但是我一定会去努力尝试，将全身心都投入其中。不过，你也别对我的技术有很高的期望，你可以知道的是，我会画一幅你在河畔散步时的情景。还记得我们当时常常在晚上沿着河岸漫步的时候，我将尽全力把那个时候的美好画面重现出来。每日我戴着你送我的项链走在路上，就仿佛和你一起，在同一个时刻，看着同样的风景。需要承认，我们为了让彼此间的距离感觉更近些，已经竭尽想象力。认识到这一点，却又是多么令人伤感啊！你说得真对，对于那些彼此间感情淡漠的母子来说，命运让他们分离可能还是件好事，就像那位 M 女士和她的儿子之间一般。可对于那些互相离不开的母子来说，命运让他们分离就实在太残忍了！我们的痛苦整整持续了一年，中间没有片刻欢愉的时光。有句谚语说得好："屋漏偏逢连夜雨"这不正是说的我们俩吗？我们好像听见头顶上惊雷阵阵，自从命运的乌云笼罩以来，我们再也没见过一次风和日丽的蓝天。地平线永远是晦暗的，云朵永远是乌黑的……唉，仁慈的上帝，这都是什么日子啊！在这苦难的海洋里，没有一个人有生还的希望，命运之船载着我们驶向毁灭的深渊。啊，在这狂风暴雨的灾难之后，会不会有平静的明天？只有你能告诉我答案，我希望能够看到那样的一天……

对了，你给奈丽娜的小崽子起的那个名字，就是"特里斯坦"这个名字，它让我想到了那位生于苦难之中的王子，圣路易的儿子。他出生在巴勒斯坦，而在他降生到人世之时，他的父亲却被囚禁在监狱里。这个可怜的王子，他的名字也叫特里斯坦。

小狗特里斯坦特别可爱，今天晚上的时候，我正在画画，它却挤到了我的扶手椅上，让我有些分神。公民德斯夏特尔过来唤它，它却跟没听见似的，拼命往我身上挤，还不停地蹭着我。当我在一边，公民德斯夏特尔在另一边的时候，它只往我身旁凑，寸步不离地跟着我。小特里斯坦身上长着白褐色相间的毛，小脑袋方方的，竖着一对长长的耳朵，给人一种尽忠职守的印象。我向你保证，我十分爱它，可是它在我散步的路上寸步不离这件事也让我委实很无奈。

德·拉玛戈德莱纳先生今天早上碰巧过来看望我，他其实并不知道我住在这里。德斯夏特尔先生在离我们住所大门不远的地方遇见了他，便邀请他过来。他的造访给我带来了很大的安慰，你知道，当一个人没有了社交生活的时候，是很高兴再见到从前认识的人的。他告诉我们，为了养家糊口，他现在给一个轻喜剧剧团做工，平时写几出剧本。他常常到布洛涅的树林来，因此他向我们保证，下次一定再来看我们。这些都让我们感到十分愉快，你看，流放生活似乎让我们找到了不少从前没有注意到的小快乐呢。所以，圣人们才会教导我们，要知足常乐！跟你在一起的时候，日子是如此轻松愉快，也让我忽视了许多东西，离开你以后，我不得不使自己的精神强大起来！

莫里斯

第十九封信

帕西，牧月的第一天(1794 年 5 月)

公民德斯夏特尔昨儿没有去巴黎，所以你可能正在忧心为何没能收到我的来信，而我也因为同样的原因为不能收到你的来信而苦恼。这一整天我都十分不自在，感觉倒霉透顶，什么事情都糟糕得不能再糟糕，时时刻刻都在担心你会不会因为我而着急。今天，我或许会收到两封信。因为我想你可能会和我一样，不愿意有一天错过彼此的通信。所以即使信寄不出去，每天也都会写一封。

我每天观察周围的世界，每每都有新发现。维泽尔先生向我许诺，会一直把他的望远镜借给我，所以如果我爬到五楼，就可以用望远镜看到远方七里路的地方。你设想一下，在我眼中的群山会是什么样的风景吧！目光所及，每一间房子都在我的视野里，我甚至会看到你所在的修道院，你能想象我内心的快乐吗？

莫里斯

第二十封信

牧月 3 号

今天你又没能如期收到我的来信，你现在或许十分焦急，以为我生病了。早上，我和菲利多尔、拉法尼在一起。他们将前往凡尔赛，我跟他们说了我的计划，就是告诉委员会的人你已经悔过自新。他们都觉得这个计划可行，并且告诉我说，我最好去跟全民代表大会提出这个申请。菲利多尔可以帮忙写请愿书，不过就怕每个人看过请愿书后，会有不同的反应。 菲利多尔和拉法尼这些朋友都很理解我，也愿意帮助我，如果把这件事托付给他们，我相信你一定可以早日重获自由。 他们帮你写了辩护书，并且会公示给世人看。 这封辩护书很好地从你的立场澄清了一些事实，等到世人理解了，他们就会为你说话。 不出一个月，对你的辩护就会传遍整个法国，到了那个时候，你的冤屈就会得以伸张。 我之前拐弯抹角的帮助你的方法因为太过婆婆妈妈被他们笑了好久，现在好了，只要你的案子重新审理，你就铁定能重获自由了。 现在，你只需要静静地在修道院里等候佳音即可。

再见了，我亲爱的妈妈。 真心地希望我们遭受的苦难有一天能走到尽头，对我而言，我宁愿自己吃苦也不愿看到你受难。 爱你，拥抱你。

莫里斯

第二十一封信

牧月的第七天

你在信里跟我描述了一番你们那里的食堂，这让我对你们的膳食状况很好奇。 听说饭菜质量堪忧，我十分难过。 一直以来，我心里最大的遗憾，就是不能分担你的痛苦。 我向你保证，要是我早知道我会被流放而无计可施，我一定会要求革命委员会把你移交到圣·拉扎尔，或者是别的地方。 这样的话，即使我被关起来，也会和你关在一起。 如此一来，我一定是世界上最快乐的人。 因为能和你共度时光可以减轻我漫长监禁生活的痛苦。 不过，能够获得自由固然最好，只是我没有预料到，自己也会身陷囹圄。我看着自己现在住的地方，越看心头越苦恼。我想说的是，没有了你，就算是天堂也和监狱没什么两样。我现在住得也不好，心情又乱糟糟，我很想换一个“寓所”——当然，“寓所”这个词根本名不副实，充其量只是一间屋。

从前，在我一醒来的时候，我的衣服就放在床头，早饭也已经准备好。起床以后，会有人很快过来帮我把床铺整理好，之后又帮我打扫房间。这种种服务在以前的我看来是那么寻常，那么自然而然，日复一日，我完全忽略了这一切……可是现在，所有的都变了，没有人再会照顾我的生活起居。我只好学着自己照顾自己，当然，这对我来说也是很有教益的。可是，每当我一比较，就会怀念以前的日子。而每当我怀念以前的日子，我就会想起你，感觉离你近了一些。期望早晨醒来可以亲吻你的脸颊，每天清晨都可以拥抱你！啊，我现在终于认识到，当初的我是多么幸运，多么幸福！

再见了，我亲爱的妈妈。我请求你不要再烦忧，我愿紧紧拥抱你，将你放在我的心上。

莫里斯

第二十二封信

牧月的第八天

真是一天安生的日子都过不了！平常我们互相通信，聊以慰藉苦闷的心境，可是我们通信的渠道却时不时的被中断！自打我们俩分开起，已经过了六个月。这几个月里，我便一直过着这种生活，每天都在盼望，可等待着我的却是一个又一个的失望。有时候一整天都收不到你的信息，房间里一片寂静。似乎为了这一天的宁静，我还要承受整整一个月的动荡和不安。有人说，我们要全副武装保护好自己，这似乎是对全人类都使用的训诫，可是却没人去真正执行它。

最近，肾脏上的疼痛也在不停地折磨着我！你是不是也没有灵魂上的痛苦，却被身体上的苦楚折磨？我希望好日子快一点到来。至于我嘛，无论是风雨交加还是晴空万里，对我来说都无所谓。换句话说，无论晴雨表上显示的是好天气还是暴风雨，我都感到烦恼。昨天，我一整天都沉浸在书本里。对我来说，书籍是一笔很大的财富。如果你在监禁期间还有条件沐浴的话，你就在信上跟我说一声吧——当然，这是在我们的通信能够维持的前提下。你知道，通信问题一直困扰着我！不过，你也别太担心，好好照顾你自己，就当为我保重吧。

我要拥抱你，等到我们重见的那一天，我要再一次拥抱你！希望那一天快快到来吧！

莫里斯

第二十三封信

牧月的第九天

我还是高估了这倒霉的时局！修道院竟然剥夺了你锻炼身体的权利，要知道，这对你的健康是多么重要啊。今天，他们要求我必须去市政厅一趟，不光是我，其他的人也都过去了，所以在市政厅里至少聚集了上百人。那些个不愿意凑热闹的人都站在门边儿，尽管我平时是个很有耐心的人，可是我今天还是穿过人群，到了大厅里。桌子旁边围了许多人，他们几乎都戴着眼镜若有所思。看来今天发生的可不是小事，我在邦迪大街的邻居正接受盘查，对于这茬子事儿，我之前也略有所闻。他应该来看看我的，那样我一定会很开心，因为自从离开巴黎，我许久没有见过故人。后来，盘问环节终于轮到了我。

唉，在我有生之年，一定不会忘记这糟心的一天！我要跟你说再见，之后再去跟那些你给予的、对我来说异常珍贵的所有东西说再见。我真是筋疲力尽了。走了许多路，一双腿又开始疼，最近发生的许多事情对我来说都是折磨。有多少次，我都想跑到巴黎，翻过高墙，只为见你一面。我想说，这其实也并非完全不可能，有时候我甚至后悔自己当初没这样做。如果我是一个人，我肯定就不顾后果地奔向你了……不过，再回忆这些让人心碎的事又有什么用呢？还是寄希望于美好的明天吧，对未来的憧憬也给了我们在人生路上继续前行的动力！

再见了，我亲爱的妈妈，一千次的拥抱你！

莫里斯

第二十四封信

日期不明

终于迎来了晨曦，委员会最终采取了措施。公民德斯夏特尔已经在给你的信中说到了他了解到的时事，当他跟我说委员会打算从监狱里放八十个人出来的时候，我高兴得差点摔倒。我现在还不知道被放出来的人的名单，不过相信过不了多久我就会打探到消息，要知道，这可是件大事儿。圣·兰伯特说过这样一句话：心怀希望便是幸福。我却不同意他的看法，对我来说，莫里哀[①]在十四行诗体的讽喻文章《愤世者》中说到的那句话更让我有同感。他说：我们曾经绝望过，可我们却从未停止希望。

是啊，我们怎能放弃希望！每每想到终有一天我将与你团聚，我心中便深感宽慰，这种宽慰的心情胜过我曾经体验过的任何一种感情。在这里，我也真挚地请求你，不要灰心，不要总是想着生活的黑暗面。要相信这世界上有天命的存在，要相信上天会惩罚奸邪之徒，补偿善良的人。我总是相信，你的案子终有一天可以得到正义的审判。现在，这个希望越来越近了，我相信你很快就会被释放。而我嘛，亲爱的妈妈，我现在整天都在勤勉地工作。在我到帕西的第一天起，我就无时无刻不想离开这里，可是又能怎么样呢。对于身处如今这样境地的我们来说，随遇而安才是好的应对之法。至少，我们还可以像《偏见》中说的那样：Omnia mecum……翻译过来就是：我为我拥有的感到满足。既然生活让我们走不下去从前的路，我们就该开辟一条新路出来。

我一直都想做大事情，成为一位大人物，一个能够让我的祖父也感到骄傲的大人物。在每日孤独的自处中，我心中的这种抱负越发强大。布瓦洛曾经说过一句话，我觉得讲得很有道理：告诉我，你是否感受到心中激荡的雄心？在这神圣雄心的指引下，谁能不遵从内心动力的指引呢？

---

① *Misanthrope*，Molière。莫里哀，法国喜剧作家、演员、戏剧活动家。法国芭蕾舞喜剧的创始人。本名为让-巴蒂斯特·波克兰（Jean Baptiste Poquelin），莫里哀是他的艺名。他是法国17世纪古典主义文学最重要的作家，古典主义喜剧的创建者，在欧洲戏剧史上占有十分重要的地位。

对了妈妈，不知我是否跟你提到，乔治·库东[①]也到我这里来过。我是在一位医生那里见到他的，他现在住在塞雷纳先生旁边。

晚安，我亲爱的妈妈。我拥抱你，用我全部的心灵拥抱你。我希望在不久之后，我们就不用互相写信了，而是真正能够面对面的交谈。要知道，我现在懒散得都不愿意拿起笔。

莫里斯

第二十五封信

牧月的第十天

我亲爱的妈妈，正如你看到的，一切都在有条不紊地进行。你的案子已经移交至革命委员会进行审理，他们很快就会发现在囚犯登记时所犯的错误，查清楚你受到的不公平对待。到时候人们就会知道，你所犯的唯一的错误仅仅是错听了公民阿莫宁的话而已。现在革命委员会方面正在开会协商，看起来，他们很快就会释放相关的被监禁的人，这是毫无疑问的。到时候，我们就会回到以前正常的生活了。他们现在正审查那些表格，并且根据表格做出判断。审判过程有点儿像以前的秘密法庭，在秘密法庭里，法官审判犯人的时候是不允许旁人在场的。不过最后，似乎并没有什么有利的消息传来，你的表格里体现出的公民责任感，

---

① Couthon（1755.12～1794.7），法国政治家及律师，以其在法国大革命中的制宪会议担任代理人而知名。后来他在 1793 年 5 月 30 日被选任为公共安全委员会成员，此后一直与罗伯斯庇尔及圣鞠斯特等雅各宾派在一起工作直至 1794 年的被处决。库东在牧月 22 日法令的制定中扮演重要角色，也被视为刺激反革命势力反扑的因素之一。

我相信他们一定会看到的。这样的话，我想，你离自由就不远了。等到我们重逢的那一天，等到我们回到过去生活的轨道，我们该是多么幸福啊！或许生活便是如此，只有尝过幸福从身旁溜走的滋味，才会更加懂得幸福的宝贵。

如果我给你写的信你都能收到的话就给我写信吧，妈妈，我会写信给我们的老朋友马罗尔先生，向他诉说我心中的喜悦。

再见了，我最亲爱的妈妈。我请求你，和我一样地充满希望吧，这希望是支持我一直走下去的动力和支撑。我将每天的日子写在纸上和你分享，亲吻你！

莫里斯

第二十六封信

帕西，共和国二年牧月14号(1794年6月)

亲爱的妈妈，今天晚上，我走了许多路，现在实在累极了。天气变得越来越令人难以忍受，我希望你能充分利用好的天气在修道院的花园里走一走。要是我的话，我肯定愿意在乡间多散散步。如果能跟你一起，那就更好了。我希望在西班牙能拥有一座城堡，这样的话，我们就能和朋友们住在一起。这样的生活该是多么惬意，就算我们是被监禁在城堡里也无所谓了吧。我现在特别想要见到你，我们已经分开太久太久了。如果可能的话，我们的分离在不久之后就会结束，我们就会再见面！我的朋友可能已经写信告诉你了，我们把你的材料递交到了委员会。欣慰的是，我们争取到了不少人的支持。很多人都愿意帮助你，你就像扎伊尔一样，要是有人不喜欢你，那一定是他不了解你。

听说你有一颗牙齿开始疼，这让我寝食难安。一想到你喝冷水热水都会牙疼，我心里就很难过。我的牙齿到现在一直健康，没有丝毫疼痛的迹象。如果可能的话，我真想把牙齿全部拔掉，再长出新牙出来，这样的话，就不会有旧牙那些小毛病了。

再见了，我亲爱的妈妈。不要在饭后给我写信，因为我知道你这样容易疲惫。你每次饭后写东西都会面色发红，头也会疼，所以千万不要再这样做了。嗨，你瞧瞧，我倒教育起你来了。

莫里斯

第二十七封信

牧月15号

我们打算去参加国庆节典礼，不过典礼所在的地方离我们这儿还有段距离。公民维泽尔家里有一扇窗户，正好对着战神广场，他还找到了一副望远镜，我们打算跟着他走。到了典礼那一天，我一定不会忘记盯着先贤祠和周围的地方看。毫无疑问，到那个时候，我可以眺望到距离你所在的修道院不到十步距离的圣·埃提大街。老天，如果那个时候你正巧站在一个地势比较高的地方，我就能看见你了！如果你也有一副望远镜的话，我们就可以隔空对望，就像在交谈一般。不过，即使这样，我也不会满足于此。我要真真切切地和你说说话，拥抱你，再也不分开。和你永远在一起不分开，这是我永恒的梦想。我们的朋友马罗尔给我写了一封热情洋溢的回信，他在信中表示，以后打算在帕西买一块地。

莫里斯

第二十八封信

牧月23号

流亡生活给了我灵感，让我能够创作出不少画作。我画了一副送给我的朋友赫克尔先生，他看了以后甚是满意。我还会继续画下去，自然美景就在我的眼底，它是我画中源源不断的素材。除了画画，我还常常读书。昨天我听了普莱耶尔[1]的四重奏，心情大好，因为我欣赏了以前未曾有幸欣赏的东西。我亲爱的妈妈，你看，虽然我无所谓别人对我的评价，我还是希望你能夸赞我一番的。

我还在继续搬家，这两个月来已经是第三次了，幸好你不用跟我一样受这种折腾！

库东跟市政厅的人打听我俩的消息，市政厅的人把知道的都告诉了他。他觉得，我们肯定没有出省，也没有出布洛涅的那片森林。因为根据政令要求，所有流放的人都不得离所在的村子太远。不过你放心，这对我来说并非什么大事。当一个人正在经受苦难的时候，苦难多一点或少一点又有什么区别呢。

不过，还是有一件不顺心的事。能够重获自由的希望迟迟没有实现，有关方面的政令却变得越来越严厉，连监狱管理部门都加强了对往来通信的审查。

莫里斯

---

① 伊格纳茨·约瑟夫·普莱耶尔，Ignace Joseph Pleyel（1757.6.18～1831.11），古典主义音乐时期奥地利出生的法国作曲家，小提琴家，钢琴家，乐谱出版商和钢琴制造商。他早年是约瑟夫·海顿（Franz Joseph Haydn）的学生，后在意大利罗马和英国伦敦进行音乐活动，又曾任法国斯特拉斯堡大教堂（Strasbourg Cathedral）圣乐队长。

第二十九封信

帕西，穑月[①]的第九天(1794 年 6 月)

我亲爱妈妈，我终于能给你写超过三行字的信了，我实在无法适应他们对通信字数限制的要求。 三行很快就写满了，我完全被剥夺了和你对话的乐趣，所有东西都只能简略地表达。

天气渐渐热起来了，你是最怕热的，你花园边小房子的设施还齐全吗？ 热很容易让人疲懒，你一定很不舒服吧？ 当一个人清白无辜，并且全世界都知道他清白的时候，对他的惩罚和处分会变得愈发难熬。 苏格拉底曾经对他的朋友们说：或许若是我真的有罪，看到我受苦，你们心里可能还会好受一些吧。 我们或许可以像柏菲战役后第二天的士兵们一样，说：我们失去了一切，可我们至少还有荣誉。

如果炎热持续不退的话，我就去河里游泳，在那儿耗上一整天。 这将是多么漫长的一天啊，布洛涅的树林让我厌烦，我每天散步时都会看到它。 纵然我看这树木无数遍，却不知什么时候能见上你一面！

莫里斯

第三十封信

穑月 10 号(1794 年 7 月)

今天天气很好，可我的心情却尤为低落。 什么事都让我提不

---

① Messidor，获月，穑月。 法兰西共和历的第十月，相当于公历 6 月 19～20 日至 7 月 19～20 日。

起精神来，要是你在我身边就好了，再枯燥乏味的散步也会充满魅力！ 可到底什么时候我才能跟你团聚呢？ 要是我再见到你，我一定片刻都不愿意再离开你！ 唉，真是烦透了。 唯一能够缓解痛苦的药方就只有工作了，我今天把自己关在屋子里，一直到晚上七点。 给你画的画快要完工了，这好歹能够聊以安慰自己。我发现其实画这幅画是很有难度的，但是一想到这是为你而做的，我又变得欢欣鼓舞起来。

再见了，我亲爱的妈妈。 我请求你，要保重自己，用我的整个灵魂拥抱你！

莫里斯

第三十一封信

帕西，共和国二年穑月 11 号(1794 年 7 月)

我亲爱的妈妈，今天我的朋友没有一个人去巴黎，所以我没有收到一丁点关于你的消息，现在颇有些心烦意乱的。 于是我只好一心投入到工作中，以求忘记这件事，我现在整个脖子都是酸的。 今天我还阅读了人类历史上最伟大灵魂们写出的杰作，尤其被你父亲的英勇事迹所触动。 我也要像他那样领兵打仗，向他学习，做一个像他那样的人。 不过我想，现在的局势恐怕是不允许我这样做了。 我有雄心抱负，想要干出一番事业。 因为我生性喜欢雄伟、壮丽的东西，我们拥有才华和美德，要为这个世界的自由而战。 就像我们的大革命，它为了贫困之人的尊严向富人宣战，它要让人类的尊严得以彰显，让无赖和卑劣无立身之地。

从前，人的才华被阴谋和诡计桎梏，但现在，人类历史上最光辉雄伟的事业将要毕其功于一役。这事业并非是不成熟的浮夸排场，也并非是虚荣和傲慢作祟，它是人民最伟大的创举。这功绩自然要发扬光大，我也会为了这一事业贡献自己的力量。

再见了，我亲爱的妈妈，我已经迫不及待想要获得你的消息。我拥抱你，用我全部的灵魂一千次拥抱你。①

莫里斯

第三十二封信

稽月 12 号

有人给我带来了一个好消息。他说，革命委员会将准许被流放的人回到巴黎，去参加一个活动，不过，不能在那里过夜。这样的话，我就可以离你更近一些。一想到这，我就觉得宽慰不少。不过，就怕这一切到最后又是一场空！

昨天，我游了很长时间泳，感觉有些累。在入水的一瞬间，忽然刮起了一阵大风，瞬间掀起了浪花。浪头带起来的水溅到我的鼻子里，呛得难受。而且在水下的时候比在水上更不舒服。河流湍急危险，我小心翼翼的。回来以后，依旧郁郁寡欢。跟你在一起的时候，什么都称心如意。可当我单独一人到曾经和你

---

① 【作者注】有人可能会以为，这些从一个作为大革命受害者的孩子口中说出的话，表达出的感情，只是为了给革命委员会审查信件的人看到，好让人相信他母亲的清白。因为彼时进进出出的各类信件都会被严格检查，其内容也会被旁人看到。不过，你要是这样想就大错特错了。因为他的这些感情都是稚气未脱且十分真诚的。我父亲的一生都遵循着这个信仰，从他后来的各类信件中你都可以证实这一点。再说，对于一个在十八世纪哲学思想教育下的孩子来说，能够有这些想法，也并不稀奇。我的祖母也始终抱有同样的信念，这一点我们会在下文中看到。

去过的地方，又有什么能阻止悲伤蔓延呢？ 我亲爱的妈妈，让我拥抱你吧，用我整个的灵魂拥抱你！

莫里斯

第三十三封信

穑月 14 号(1794 年七月)

我亲爱的妈妈，关于为什么我游泳过后手臂会极度疲劳的问题，我想跟你解释一下。 这不是因为我的双臂不够强壮，也不是因为我游泳的时间太久。 你应该知道，去年我极少游泳，所以现在乍一运动，有些不适应。 不过我想，过不了多久我就能适应了。 我计划下午再去游一次，明天向你汇报效果。 我的朋友，公民德斯夏特尔也跟我一起去游泳，我打算教他仰泳，可是他实在太固执，死活不肯照我说的做。

小狗特里斯坦也想学游泳，可它实在是太胖嘟嘟的了，只能在地上打滚儿。 不过，我还是鼓励它去尝试游泳，谁让我那么喜欢它呢。 为了让它习惯在水上运动并且有足够的信心，我没有一开始就把它扔到水里去。 我先是抱着它，把它放到水面上，并没有把它弄湿，之后把它放回地面。 不过虽然它根本没有沾到水，可是它还是觉得自己浑身湿透了。 于是出于习惯，它开始奔跑，并且通过不停地抖动，试图摇掉身上的水珠。 现在，它已经能自如地跟着我一起游泳了。 不过在它全力划动的时候，我还是会托着它，以免它力量太小掉到水里去。 说了这么多，你应该已经大概了解了，我就不再赘述了。

再见了，我亲爱的妈妈。 我轻轻地拥抱你，就像我给你的爱一样温柔。

莫里斯

第三十四封信

穑月 13 号

亲爱的妈妈，这许多天以来，我一直在读关于我祖父生平的故事。这些回忆录由祖父在荣军院的战友所写，他们曾经和祖父一起经历了埃斯帕尼亚克[①]战役。不过，这些书里都没有插图，所以我对他们讲的战役有些看不大懂。事实上，本来应该是有两张关于埃斯帕尼亚克战役的地图的，可是在出版的时候略去了。所幸我还找到了原先完整版的包括图像资料的书，所以能够身临其境地了解战役的布局。我看到了一场战役需要投入的兵力，需要的火力，需要的炮弹数量。战争逃不过的是无数枪林弹雨和烽火漫天，所有细节甚至包括侦查的部署都要十分详尽。你的父亲，也就是我的祖父，他在战役中并不仅仅是一个中尉，而是发挥了更重要的作用。他作为侦察兵，探寻了阵地上最危险的区域，从而方便军队行动。你知道的妈妈，我现在被局限在小小的房间里，不能出去学习用兵策略，不过我会尽我的所能，学习我所能够学习的东西。

现在天气很好、很温暖，可这样的天气却最容易让你觉得疲劳。唉，要是我们现在能在一起就好了！这种和你团聚的欲望已经变成了我这辈子永恒的追求，是我这一生追逐的

① Espagnac，法国科雷兹省的一个市镇，属于蒂勒区（Tulle）拉罗克卡尼拉克县（La Roche-Canillac）。

幸福。

再见了，我亲爱的妈妈。我想将你紧紧地拥在怀抱里，温柔地就像我对你的爱一般。

杜邦①

第三十五封信

稽月15号

妈妈，我向你保证，奈丽娜既没有去世也没有走失，它甚至比以前更活蹦乱跳、玩得更疯了。昨天它跑去了巴黎，我的一个朋友整天带着它四处走，不过今天早上它又回到了我这里。每个晚上，它都跟着它的小崽子到处跑，你简直想象不出它有多欢腾。可怜的小特里斯坦汪汪乱叫，撞翻了满屋子的东西，还颇为自己的举动洋洋自得。比起它来，奈丽娜倒是让我省心多了。有一天，我们在塞纳河边散步，经过一个下坡的时候，奈丽娜飞快地冲了下去，谁知道一不小心没停住，径直栽到了河里。幸好我眼疾手快，赶在它掉下去之前抓住了它，否则这个小可怜就要呛水了，更何况水里全是污泥。要真是那样的话，它肯定全身都脏透了。

今天天气很热，正适合我去游泳。希望今天我去游泳的时候不要像前两天那样，忽然下起暴雨来。在这样的好天气里，善游的人能在水面上划出一道漂亮的波纹，静静地漂在水中真是种惬

① 在此之前，他在信结尾的署名都是莫里斯，现在，他开始用家族的姓氏署名。他可能觉得，自己已经成长为一个男人，需要像一个成人一样行事。这或许是因为他看了那些关于祖父战役的书，知道了自己的梦想所致。

意的享受。就像我看的书中形容的：营寨已经安扎，不出几日便可凯旋。

再见了，我亲爱的妈妈，你一定要好好保重你自己。我想轻轻地拥抱你，就像我对你的爱一样温柔。

杜邦

第三十六封信

稽月 16 号

我孤独的日子一天连着一天，从不止歇，这实在让我难以忍受。朋友德斯夏特尔这几天一直在巴黎，让我一个人更加空虚孤寂。我现在足不出户，完全把自己关在房间里，要不是我手上还有些工作可以用来打发这无聊的时间，我简直要疯了。本来我是不想跟你抱怨日子有多糟糕的，我想假装自己能够很好地照顾自己，可我现在实在坚持不下去了。我一定要跟你说，我过得其实一点儿也不好。我现在离你那么远，想要见你一面都不可能，我实在受不了这样的日子。

我这么伤心难过，并不是因为整日无所事事游手好闲产生的空虚寂寞，事实上就拿昨儿来说，我早上八点就开始干活儿，一直干到晚上七点才结束。其间除了吃个中饭和晚饭，片刻也没有停歇。我又温习了一遍祖父曾经领导的战役。我看了马尔普拉凯战役①，这是他参加的第一场战役。我现在已经完全熟悉

---

① 马尔普拉凯战役：1709 年 9 月 1 日，在西班牙王位继承战争中，维拉尔元帅指挥的法国军队（9 万人）与欧根·萨瓦亲王和马尔波罗元帅指挥的英奥荷联军（11.7万人）在马尔普拉凯（比利时蒙斯要塞和瓦朗谢讷城之间一村镇）进行的一次交战。

了彼时他设置的炮台数量，其中他用了多少台加农炮，还是投入了多少火力，我都熟记在心。还有骑兵的位置、步兵队部署、营寨驻扎的位置、山川地形、屏障掩护……等等的一切。正是这些小细节，才决定了战役的成败。看了这些东西，我觉得就算被关在这个狭小的地方也无所谓了，因为我的眼界和胸怀是宽广的。

上帝啊，要是你能和我在一起就好了。你的陪伴一定会给予我更多的勇气和信心，团聚的日子什么时候才能到来呢？

再见了妈妈，我爱你，拥抱你！

杜邦

第三十七封信

穑月 17 号

我亲爱的妈妈，我发现你昨天的来信篇幅很短，或许你觉得我给你写的信太长了。如果是这样的话，希望你能原谅我，因为给你写信倾诉心中的痛苦是我唯一的寄托了。现在，我们越是往前走，就越觉得脱离痛苦的日子离我们越发遥远，加诸于我们身上的痛苦也更加猛烈。唉，这苦难是多么难熬，特别是当我们本来就清白无辜却还要承受有罪之人待遇的时候！

如果我们能够击败奥地利的军队、英国人的军队、还有西班牙的军队，如果所有其他的种族都不再和法兰西民族爆发战争，我们就会迎来和平，就能获得自由。至少现在，我们已经朝着好的方向努力了，不是吗？可是，既然如此，为什么我还在这里，我被流放又有什么意义？我在这个小小的房间里学到的战争之道并不能使我们自己的麻烦得到解决，可我们总得往好的方面看，总要心怀希望。

我想拥抱你，用我全部的力量。

杜邦

第三十八封信

穑月 18 日

奈丽娜今天一直跟在朋友德斯夏特尔身后跑，明天说不定你就能见到它。不过等你接手它的时候，一定要多加注意，因为这个小家伙十分不安分，喜欢到处跑。德斯夏特尔把它带到巴黎已经两天了，就是为了让它熟悉一下巴黎的环境。不过因为见不到我，小家伙还是有些不开心。昨儿早上八点左右，它又偷偷从巴黎跑回来找我。它朝我身上蹭了蹭，仿佛在跟我说早上好似的。

我仍旧待在屋子里，一点儿也不急着出来，因为外面实在太热了。不过，当天气不那么热的时候，我打算再去五楼一次。到那个时候，我一定会非常开心，因为从五楼我可以遥遥望见你在的那座山。上帝啊，我亲爱的妈妈，我们已经分离了多么久啊！这分别又是多么令人心碎又是多么漫长啊！我算了一下，竟然已经有三个月没能见上你一面了！以前何曾发生过这样悲惨的事情啊，我又几时想过这样的事情会发生在我的身上！天底下最难接受这种命运的人，恐怕非我莫属了！

今天我又干了一整天的活儿，从早上八点一直到晚上七点多。之后我又去散了个步。这一整天我都沉浸在书本里，所以抽空散散步，呼吸一下新鲜空气，还是很愉快的。我已经看到了包围贝尔格莱德[1]的那场战役，土耳其骑兵和近卫兵溃不成军，胜利志在必得。

再见了，我亲爱的妈妈。我发觉自己的想象力带上了一丝英雄主义的意味，我拥抱你，用我全部的心灵一千次地拥抱你！

莫里斯·杜邦

第三十九封信

稽月20号

亲爱的妈妈，我发觉你昨日的来信十分简短，我希望你今天给我写的信能够稍稍长一些。你知道的，你的来信能够左右我一整天的心情，昨天那封简短的信实在让我太难过了。在通常收到你来信的时间，我却只看到一封只有几行字的信，而且这封信还是来自我最依赖的人，我面对生活的勇气顿时消减了大半。要是你今天的信还是那么短的话，我的整颗心都将跌入黑暗的深渊。

如今，我们处在重重苦难中。一般来说，当一个人遭受苦难的时候，总有他需要遭受苦难的原因，可造成我们如今处境的原因又是什么呢？我看到有罪的人重获了自由，可我们这些清白无辜的人却依旧身陷囹圄，这天道是多么不公。如今，正直的良心恐怕是这世界上最没用的东西了，可我却正拥有这样的良心。我向你保证，不论如何，我都不会出卖我的人格，我会将这样的正直和良知一直留存下去，它会在逆境与挫折中给予我力量。然而，这力量却无法纾解我与你分离的痛苦，道德和规则不能减轻

① Belgrade，贝尔格莱德。

我的痛苦，我也只能随遇而安……

我已经收到了你今天的来信，竟然仅仅只有三行字！ 你为什么只写这么少呢？ 我内心无比悲痛，简直到了无法承受的地步。痛苦一天甚于一天，啊，要是我在你身边该多好，我就可以忘记这一切！ 至少让我见见你也行，为什么连这一点小小的愿望都不能实现！

莫里斯·杜邦

第四十封信

穑月 22 号

我一边儿给你写信，一边害怕我的信到不了你手上。 现在天气渐热，可我的心却依旧像是沉浸在寒冷中。 或许是因为我经受了那么多的苦难，以至于整个人都变得迟钝起来，从此甚至感知不到温度的变化。

再见了，我亲爱的妈妈。 我轻轻地拥抱你，就像我对你的爱一样温柔。

下面这封信出自我祖母之手，也是她给我父亲的回信里唯一还在的一篇。 这封信应该是写于穑月的 22 号。

写给我的儿子：

刚刚有人告诉我说，昨天整个维利尔城的人都被抓了起来，而今天我们这些人也会被带到纽利区[1]。这可算是个转折，要知道，纽利区离帕西更近一些。不过，你注意些别被拘留了，听说被拘留的人都会受到严格的监视，什么也做不了。据说，现在维利尔城里一个人也没有，他们甚至连九岁的小孩子都不放过。我的儿子，你要是想救我的话，更要时刻顾着自己的自由。如今，他们把贵族都关押起来不过是个借口，就像我们之前打猎时常常做的那样，在追捕猎物前，先拍打树林让鸟兽受惊，从树丛中逃窜出来。你离开帕西吧，躲到你的朋友那里去！我现在每天担惊受怕，害怕你哪天会被抓起来。我因恐惧而颤抖、因惊惶而战栗，我活着的一分一秒都在经受折磨！

再见了，再见了，你的母亲是这样爱着你。

下面的这封回信是德斯夏特尔写的。显然，他认为此刻绝不应该离开我的父亲，来到我祖母所在的英国人的修道院。

穑月 22 号：

我的朋友，我很清楚现在你无助的绝望。不管你焦急的原因是什么，我们都愿意与你分担忧愁。对于这一段时期受到的压迫和侮辱，我们也和你一样，每日悲叹这不幸的命运。然而，就因为这样，我们就要将灵魂中一切希望摒弃吗？的确，这厄运之于我们是无尽的痛苦，可是我的朋友，请拿出你的勇气，继续坚持下去。我知道，你一直为我们的小朋友莫里斯担心，我也很理解你的心情。我跟你保证，根据我们在帕西得到的消息，形势已经

---

① Neuilly，即 Neuilly-sur-Seine，位于巴黎，是富人区。

逐渐明朗。对于当局的各种决定，我们也找不到理由去驳斥。现在，我和莫里斯都扮演着老实本分的听话角色，也不会有什么危险。我们的朋友赫克尔[①]先生接到一些可靠的消息，同时把消息转告给了我们。另外，不瞒你说，我此举是为了向赫克尔先生传达我这位小朋友莫里斯的诉求。就算我的计划没有成功，也并不意味着我们所做的一切一点作用也没有。至少，这可以向委员会提供可靠的证据，证明我们是无辜的。要是我的计划一旦成功，赫克尔先生同意帮助我们，我就有把握给莫里斯换一份工作，让他做一些简单平常的活计。我想，现在已经没有必要再重申，其实一直以来我都在采取积极措施，四处活动。对于这一段时期的四处奔走，我是甘愿为之。如果你们听闻了这个话之后能够稍稍宽慰，也算是对我最好的报偿了。

请轻轻拂去你脸上的泪水，厄运虽然不幸，却也让我们的友谊更加牢固。它是我们生命里的一个馈赠，不要灰心不要失望，我亲爱的朋友。总有一天，不幸将离我们而去，无论这希望看起来多么渺茫，也总有到来的一天。

---

① 【作者注】这里所说的赫克尔先生就是上文所说的住在山里的朋友，他是一位文学家，内心道德品质十分高尚，每次给我们出主意都很真诚，这些品质使他在我们的所有朋友中显得颇为与众不同。虽然赫克尔先生被我的父亲称作是“高山上的朋友”，可并不代表赫克尔先生是革命时期山岳派的人。他不仅不属于山岳派，反而，他是保皇派的坚定成员。我这里有许多赫克尔先生曾经写过的书信，信上的辞藻华丽而有学究气，读起来朗朗上口，可内容却欠缺了几分思想的火花。不过，在和他交谈的时候，你会发现，他还是十分有思想的。我父亲对他的欣赏，不仅是因为喜爱他非凡的人格魅力，更敬佩他的处世哲学。尽管他们俩看待世界和待人接物的方法大不相同，也阻挡不了彼此间的欣赏。

另外还有几封信，现在遗失了，只剩下热月[①]九号这个历史性日期之前的。之后展示的几封信书写工整而紧凑，写在一张小小的方形纸上。从这张纸可以看出，德斯夏特尔想把这封信传递到英格兰人的修道院里，是花了一番功夫的。

第四十一封信

帕西，热月 9 号

昨天我游泳了，外头的天气好得无以复加。今天下了雨，天空灰蒙蒙的，就像我此刻阴郁的心情。离你那么远，我怎么可能平和地生活？恐怕这个世界上，之于我，已经没有幸福可言了！

莫里斯

第四十二封信

共和国二年，热月 10 号(1794 年 7 月)

想必你已经看过昨儿发布的政令了，政令上讲，凡是不在嫌疑犯之列的人，都会被无罪释放，我们现在可以诉诸这条政令。你自然不是什么嫌疑犯，特别是在革命委员会已经检验过你的爱国主义倾向的情况下，你更不会被牵涉到各种麻烦中。如此一来，现在是对我们最有利的时机。

是的，我亲爱的妈妈，我相信我们不久就可以重聚了，我丝毫不怀疑这一点。现在已经有不少人被放出来了，包括画家罗贝

① 热月，thermidor，法兰西共和历的第十一月，相当于公历 7 月 19～20 日至 8 月 17～18 日。热月 9 号是热月政变发生的时间，在此次政变中，革命党人推翻了雅各宾派罗伯斯比尔的政权。

尔。我听人说，罗贝尔是被大卫陷害才被关进监狱的，而大卫这样做的原因竟是出于嫉妒。这真是个世风日下的社会！我们得感谢国民公会，要不是革命党的努力，所有人都会成为罗伯斯比尔[①]专制统治的受害者。[②]

如今，要轮到我们这两个被关押的爱国者了。啊，我现在满脑子想的都是这个事情！我的朋友已经被叫出去重新审判了。我相信，不久之后，你的名字也会被叫到，然后你就被释放了。我们现在没什么可害怕的。

对了，昨天你把发丝放在信里寄给我，我已经收到。上帝啊，你不知道我看到那绺头发的时候是多么快乐。我希望，过不

---

① Robespierre，罗伯斯比尔（1758.5～1794.7），又译罗伯斯比。法国革命家，法国大革命时期重要的领袖人物，是雅各宾派政府的实际首脑之一。1794 年 7 月 28 日清晨，也就是热月 10 日，已成孤家寡人的罗伯斯庇尔和圣茹斯特、库东等雅各宾派的主要领袖们一起被送上了断头台。

② 【译者注】这句话充分表明了政变时期，对罗伯斯比尔重伤诽谤所产生的后果。在所有实行恐怖统治的人中，罗伯斯比尔已经算是最温和、最人道的一个，却也是激起了人民最多反对、执政期间不得不清洗了许多人的一个。历史已经证明了罗伯斯比尔是一个怎样的人，就像拉马丁先生（M. de Lamartine）在他的作品中对他的描述一般。热月党人当时的所作所为实在是有些卑鄙，这一点也已经被历史证明了。他们内心没有信仰，不知良知为何物，残忍地杀害了罗伯斯比尔。在罗伯斯比尔死去的前一天，他们中的大多数人也知道他只是个虚弱而仁慈的可怜人，可是到了第二天，这些热月党人为了号召民众，竟不惜编派许多重罪，把罗伯斯比尔置于死地。现在，我们不必再害怕说出对罗伯斯比尔公允的评价：他是法国大革命时期最伟大的人，也是法兰西历史上不会泯灭的英雄人物。这样说并不意味着罗伯斯比尔从未犯过错误、没有犯下让人诟病的罪过。只是说，他所处的时代，是法国历史上一个急速的下坡时期，那个时候他面临着共和国许多挑战。尽管他是许多人的领袖，可他手下的人却常常做错事。在局势动荡的时期，历史上总会出现一些改变社会走向的人，就如路易十三的宰相黎塞留（Richelieu）、罗马共和国统帅恺撒（César）、伊斯兰教创始人穆罕默德（Mohamet）、罗马帝国皇帝亨利四世（Henri Ⅳ）、萨克森将军（le maréchal de Saxe）、查理曼大帝（Charlemagne）等等……在非常时期，这些伟大的臣子、英明的国王、勇猛的将军、明智的立法者们，谁没有采取过非常手段呢？为什么要让罗伯斯比尔一人当替罪羊、承受民众的责难呢？

了多久，我不仅能看到你的头发，更是能和你重聚！

再见了，我亲爱的妈妈，拿出十二分的勇气吧！ 我轻轻地拥抱你，温柔地就像我对你的爱一般。

杜邦

附注：我收到你的来信了，你别着急，先静静地等着。 虽然我们现在就像是圣水盘上等待净化的魔鬼一样备受煎熬，但是过不了多久，一切就会好起来的。

第四十三封信

（日期不明）

亲爱的妈妈，再耐心地等一等吧。 昨天颁布的政令上面，没有什么需要你担心的内容。 我相信，清白无辜的人一定可以洗刷冤屈。 关于你的案子的相关文件已经移交到革命委员会下属的国民安全委员会。 我的朋友今天早晨在革命委员会的时候，为了争取你的权益，忙得不可开交。 达里昂说，如果新成立的政府还是罗伯斯比尔执政时期的老样子，他还不如死了算了。 再耐心地等一等吧，你一定会被放出来的。

再见了，我亲爱的妈妈。 安东尼离开了，其他的我不能跟你说什么。 我拥抱你！

莫里斯

第四十四封信

热月 16 号

我亲爱的妈妈，请再安静地等一等吧，不久之后，你一定会获得自由的。根据革命委员会的指示，国民安全理事会正在重审四到五个人的案件，而你的名字也在其中。现在，委员会的人正在审查你的卷宗，他们会尊重事实，洗刷你的冤屈，然后把你放出去。说不定哪一天，在我们都还不知道的时候，你就重获自由了。或许就在明天、今天，或者就在今晚，你就可以从修道院里出来了！啊，一想到这个可能性，我的心中就充满了无限喜悦，似乎所有的不幸都在一瞬间消失得无影无踪了！

在这里，有几封详细记述了德斯夏特尔和他的朋友们的活动，被我略去不提。在这几封信中体现的是多种情感的混杂与交替，有怀揣的希望，有不安的恐惧，有失去信心的不耐烦，也有精疲力竭的沮丧。

第四十五封信

帕西，热月 22 号(1794 年 8 月)

你说的对，我亲爱的妈妈，所有清白无辜的人都已经被释放，马上就要轮到你了。八个月以来，你一直无精打采，身心俱疲。这一段时期你过得很艰难，简直是人生中最黑暗的时期。不过可以肯定的是，我们很快就可以团聚了。我现在都在栅栏门旁边等着你，什么时候我才能真正看见你从里面走出来呀！我简直跟个疯子似的，坐立不安。上帝啊，要是我们真的团聚了，我该多么快乐啊！

第四十六封信

热月 24 号

现在有人开始审理你的案子了，你还要稍稍耐心，我也一样。 我的朋友近期一直待在巴黎，你被放出来的那一天很有可能是你的生日！ 上帝啊，真不知你被放出来的那一天会是个什么光景，我简直做梦都在想象着那一天！

莫里斯

第四十七封信

热月 28 号

往年每到这一天，我都会非常高兴。 因为在这一天，我可以拥抱住你，向你诉说我对你生日的祝福。 可是今天，我却不在你的身边，而是身在离你很遥远的地方，这真是件令人伤心的事情。 不过，我不会一直抓着回忆不放。 今年，我把我给你画的那幅肖像寄了过去。 我亲爱的妈妈，当我之前在创作这幅画的时候，脑海中每时每刻都不断浮现出你的身影。 唉，什么时候才能把真人和画作做个比对呢？ 什么时候，我能再和你漫步在我喜欢的塞纳河畔，那个时候，我该多么幸福！ 到时候，一切对我来说都无比美妙！ 你的生日是一个很好的预兆，我们再也不会为不幸的命运而流泪。

我拥抱你，用我的整个灵魂拥抱你。

莫里斯

第五章

终于到了果月[①]的第四天，也就是 1794 年的 8 月，我祖母杜邦夫人和她的儿子团聚了。大革命中发生的一幕幕悲剧就如同云烟一般，在他们眼前消失得无影无踪。这位温柔的母亲和这个优秀的儿子都沉浸在重逢的巨大喜悦中，忘记了所有他们曾经遭受过的苦难，也忘记了他们在这场悲剧中失去的一切，不去理会在过去的几个月里发生了什么，也不管未来有可能出现什么，他们只知道珍惜当下，把这重聚的日子看成他们生命里最美好的一天。

纵然杜邦夫人满腔热情，希望尽快赶到帕西，拥抱她许久未见的儿子，可是她那时还并没有得到许可，能够离开巴黎。虽然她也害怕此举会让她重新遭受牢狱之灾，她还是义无返顾地打扮成农妇的样子，搭乘轮船，沿着荣军院的岸边穿过塞纳河，之后

① 果月，Fructidor，法兰西共和历的第十二月，相当于公历 8 月 18～19 日至 9 月 16～17 日。

下船步行到达帕西。这次步行对于她来说可算是一条漫漫长路，在她的一生里，她甚至都不甚了解“步行”是什么概念。从前，她习惯了闲散的日子，腿脚稍稍运动一下就很容易疲劳。有的时候，仅仅是沿着长廊从花园的这一头走到那一头，她都会感觉十分疲惫。不过这一次，她似是打定了主意，精神气儿十足，姣好的面容苍白而宁静，集中了全部力气要走到帕西去见她的儿子。

她没有仔细打算要走多少路，只是不断向前行着。她走得那么快，以致于同样穿着农民衣服的德斯夏特尔差点儿跟不上她的步子。不过在坐船的时候，表面上氛围闲散而简单，他们却遇上了另一桩麻烦事。

船上坐着的大多数是普通老百姓，他们注意到了我祖母白皙的脸色和不染风霜的双手，其中有个不安分的人带了一丝鲁莽的话更是吸引了全船人的注意力。“看呀，”他说，“这位年轻的母亲面色是多么红润，一看就是不常干活儿的。”坐在旁边的德斯夏特尔此时疑心重重，且颇有些敏感，很难忍耐他的脾气，没好气地回了那人一句“关你什么事儿。”德斯夏特尔的回答招致了同行乘客的不满，与此同时，船上的一名女士把手放在了德斯夏特尔从口袋里露出的小袋子上面，并且把小袋子扯了出来，高高举起，嚷嚷道：“看哪，他们是从巴黎逃出来的贵族！要是他们真的是跟咱们一样的普通人的话，他们怎么会有这样用蜡封过的精致袋子！”船上的另一个人甚至开始动手动脚地盘查起这个可怜的学究随身携带的物品来，还翻出了一瓶古龙水[①]，这似乎更证实了他们的猜想：这正是两个从巴黎逃出来的大贵族。

看这个德斯夏特尔干的好事，尽管他行事鲁莽，可他做的这一切却都是出于对我祖母体贴的关怀。不过在这样的环境下，他的体贴关怀确实有些过分了。因为所有这一切都是乡间的风土民情罢了。德斯夏特尔不知道的是，这些经历对足不出户的杜邦夫人来说也是弥足珍贵的。

眼见着杜邦夫人马上就要陷入灾难性的境地，德斯夏特尔不由得诅咒起来。不允许有半刻拖延，德斯夏特尔站起来，走到了船中央，把声音提高了好几度。他摩拳擦掌地威胁说，谁要是再敢侮辱他的“教母”，他一定毫不犹豫地把那个人扔到河里去。对于他这种虚张声势充好汉的行为，船上的男人不住揶揄地笑着。这时，船夫开了口，似乎是以一种训诫的语气道：“要挑事儿的都给我忍着，下船以后你们爱怎么做就怎么做。”船上的女士们大叫“干得好！”，并且不屑地七嘴八舌批评起这两个乔装打扮的贵族来。

在昨天，革命政府就已经放松了对贵族的种种严苛法令。可是普通民众并不能一下子放弃对贵族的所有成见，时刻准备着捍卫自己在贵族面前的合法权益。

至于我的祖母，出自一位女性内心深处的柔情，起身坐到了两个看起来一副长舌妇嘴脸并且激烈侮辱着她的女人中间，轻轻

---

① 古龙水，Eau de Cologne，也译为科隆香水，是一种含有2—3%精油含量的清淡香水。此香水最先在1709年由意大利人吉欧凡尼·玛丽亚·法丽娜（Giovanni Maria Farina）在德国的科隆推出。因为广受欢迎，其他品牌的古龙水也相继被推出。

拉住了她们的手，道：“不管我是不是贵族，我都只是一个母亲。我已经六个月没有见到我的儿子了，而我的儿子甚至一直以为他再也见不到我了。现在，我冒着失去生命的危险，只是想去拥抱我的孩子。你们能够成全我的小小心愿吗？或许在我回来的路上，你们可以告发我，甚至可以杀掉我，这都随你们的愿。可是我恳求你们不要阻止我去看我的孩子，我的命运就掌握在你们的手中。”

“走吧，这位公民，你走吧，”这些心地还善良的女人回答道，“我们并非想要为难你，你大可以相信我们。我们也都是有孩子的人，知道一个母亲对孩子的爱有多深。”

不久，她们便上岸了。船夫和船上其他的男人们无法忍受德斯夏特尔张扬的态度，想找他点麻烦，不能让他就这么轻易地走掉。不过女人们纷纷支持我的祖母，“我们不希望有什么麻烦事发生，”女人们对跃跃欲试的男人说，“请尊重这位女士，别找她的麻烦。至于跟着这位女士一起来的仆人（她们就是这样称呼我们可怜的德斯夏特尔的）嘛，虽说他刚刚表现的是有些神经过敏，不过我们觉得他并没什么恶意。”

我祖母杜邦夫人一边抹着眼泪，一边拥抱了船上的女人，德斯夏特尔不禁为自己方才的鲁莽行为感到好笑。之后，他们一路上畅通无阻，到达了莫里斯在帕西的小房子。那个时候，莫里斯还不知道他们会来，也没有等他们。当他见到母亲到来之时，不禁扑上去拥抱着她，几乎要开心地昏过去了。我不是很清楚，针对流亡者的政令是几时发布的，不过大约就是在我父亲和他的母亲重逢不久之后。还有一些政令既证明了我祖母的权益，又约束了她的行为，我这里还有几份当时的证明文件。 其中的几份是关于她的仆人安东尼的供词，揭发她参与了攻占巴士底狱[①]的活动。这些文件对我的祖母而言着实是一个惨痛的教训，让她知道了现实社会是怎样的。

然而，我的祖母并没有因此完全承认社会局势对她的哲学思想的影响，不管是她的仆人安东尼的所作所为还是她为了维护国民认同感所做的努力，她都不认为这些对她的哲学思辨有什么先入为主的印记。 在法兰西共和国三年伊始，她便和她的儿子莫里斯、德斯夏特尔、儒米埃小姐一起动身去了里昂。 儒米埃小姐是我父亲的女仆，年纪已经很大了，她总是和家里的主人们一同上桌吃饭。 当然，在这次出行中，大家也没有忘了小狗奈丽娜和它的小崽子特里斯坦。

之前的一天，当我在写这部回忆录中关于小狗奈丽娜的那一部分时，我的儿子莫里斯在天花板上的阁楼深处发现了一个小东西，上面刻着十分有趣的铭文：我的名字是奈丽娜，我是杜邦夫人的小狗，住在夏特尔附近的诺昂。 我们把这个上面写字的小东西珍藏起来，当作圣物一般对待。 后来到了九六年，我在父亲的书信中得知了奈丽娜后代的消息，其中就有特里斯坦，这个常常容易受惊的小家伙。 特里斯坦是父亲流亡时期的伙伴，奈丽娜后来还生了一只小母狗，是特里斯坦的妹妹。 后来，奈丽娜在我祖

---

① 攻占巴士底狱：到18世纪末期，巴士底狱成了控制巴黎的制高点和关押政治犯的监狱。 凡是胆敢反对封建制度的著名人物，大都被监禁在这里。 巴士底狱成了法国专制王朝的象征。 1789年，法国大革命，人民终于攻占了巴士底狱。 攻占巴士底狱成了全国革命的信号。 各个城市纷纷仿效巴黎人民，武装起来夺取市政管理权，建立了国民自卫军。 不久，由人民组织起来的制宪会议掌握了大权。

母的腿上过完了它的下半生，之后被埋在了花园的一株玫瑰树下。我们的老园丁总是强调“埋”这个字眼儿，因为他算是贝里的一个语言纯粹主义者，他觉得除了受洗的基督徒，没有任何东西可以用“葬”这个字来形容。

奈丽娜一生经历了许多动荡的事情，年纪轻轻就死去了，而特里斯坦倒是有着同类狗所很少拥有的漫长寿命。有一个非常奇怪的巧合，特里斯坦的性格非常温柔而又容易伤感，这和它的名字所代表的涵义惊人的一致。它的母亲却是那么的活跃和焦躁不安，相形之下，它沉静与安宁的性格更是十分令人惊奇。在奈丽娜所有的后代中，我祖母最偏爱特里斯坦，而在特里斯坦陪伴着我们家人度过了那么多危机之后，它也真正变成了我们家中不可或缺的一分子。因此，特里斯坦受到了我父亲特别的疼爱，几乎一辈子都和我的父亲在一起。记得我童年的时候，它还在我的身旁，我记得曾经和它一同玩耍。而它在跟我玩耍的时候，并不十分积极。虽然它的外形的确是一只狗，可我却常常觉得，它是在冥想，静静地沉思着过往时光。

我不大记得自己讲述的许多故事具体都发生在哪年哪月，不过我却清楚地记得，在共和国三年雾月的第一天，也就是1794年的10月，我祖母收到了一封信。信来自夏特尔区的几位行政长官之手，上面题着一行字：共和国的团结与统一，选择自由平等博爱或是选择死亡。其实，共和国早就已经死了，空余的，只不过是共和国形式上的躯壳而已。

下面是信的内容：

“致公民杜邦夫人：

我们已经把你去年8月3号授权皮尔隆的买卖合同寄给了你，另附有他给你写的关于相关要求的具名备忘录，等等。

以博爱之名向你致敬。”

（下面紧跟着的是三个大资本家的签名。）

这些大资本家如今是心满意足了，他们不仅获得了自由，更能够在和这位诺昂城堡的女主人以“你”而不是“您”相称，甚至不顾及皮尔隆曾经还是杜邦夫人的下属。曾几何时，他们还得称我的祖母一声塞琳娜伯爵夫人呢！我的祖母微笑着对待这一切，一丝一毫也没觉得被冒犯了。不过，她发现，农民们在称呼城里先生的时候，用的还是“您”而不是“你”，她倒是有些感谢家里的那个木匠能与她平辈相称。她从这种称谓上看到了木匠跟她的友谊，她甚至是有些狡黠地享受着这段友谊。

有一天，她和她的儿子一同在这位木匠先生的小屋里。而那个时候，这位木匠先生已经是他所在省的税务官了，是一位智慧而严肃的共和党人。终其一生，他都是我们家忠实的朋友，我亲眼看着他咽下了最后一口气。那天，两个资本家经过他的门前，明显是喝高了，而且觉得侮辱女人和她的孩子是件光荣的事。他们威胁说，要把我的祖母杜邦夫人和她的儿子送上断头台，正是像这对母子这样社会等级的人杀死了罗伯斯比尔和大革命。我的父亲那时还只有十六岁，他快步走到那两个人跟前，牵住了他们马上的缰绳，命令他们从马上下来，和他打一架。戈达尔，也就是之前所说的税务官先生，也过来帮助他，手上拿了一个罗盘，用以震慑那两个酒鬼。对于我父亲和戈达尔先生的挑战，那两个人不置一词，过一会儿，他们以喝醉了为理由，为自己开脱。这件事情即使放到今天[①]看来也是十分鲁莽且难以原谅的。可是毕竟马上的两个人年纪已经很大了，这也让别人不愿意过分为难他们。

他们的愤怒也是有原因的。在大革命审理嫌犯的时期，这两个资本家的其中一个被任命为诺昂一个区的行政长官，他在审理关于我祖母案子的时候，有些失之偏颇。不过最后，我的祖母还是得到了公平的对待。然而，整个诉讼的过程持续了两年，在这两年中，我的祖母仅仅依靠诺昂这块地方的租金维持生活，大约是四千法郎。而这些钱里面还有一些是用来还 93 年为了接济穷苦人和爱国活动的借款。所以，剩下的能够自由支配的钱实际上只有很少的一部分。有一年多的时间，他们都得靠着园子里的作物维持生活，园子里的蔬菜每星期能卖 12 到 15 法郎。渐渐的，欠款才逐渐还清，生活也逐渐好起来，每年能收到的钱也增加到了 15000 块。

多亏了她持家的能力，以及她对俭朴生活的良好适应，她熬过了那段日子。后来我也听她笑着对我说，她觉得那段时间才是最富有的。以前的日子和这段时期比起来，仿佛贫穷了不少。

对诺昂这片养育了我的土地，我也有许多想说的话。我生在这里，生命中大部分时光在这里度过，我也希望以后能长眠于此。

---

① 【作者注】这里的“今天”指的是 1847 年。

在这里，每年的收益并不多，生活简单朴实。尽管坐落在广阔迷人的努瓦尔山谷的中部，这里的风景并非十分美丽。不过这片土地却处在山谷里最水平的位置，海拔最低，非常有利于小麦的生长。这样的地形减少了自然灾害的爆发，给我们提供了广阔的视野，用以远观高低起伏的山脉。放眼望去，是一片湛蓝的地平线，四周山丘环绕，仿佛在不断移动。和博斯与贝里相比，这里的风景还是好很多。不过，要是和我们沿着下山的路一直走到山下河谷地区的迷人景色相比，和离我们家不到三十里的地方相比，和我们登上山顶一览群山的美景相比，这儿的景色还是平淡乏味许多。

不管这个地方怎样，我们都非常热爱这片土地。我祖母十分喜欢这个地方，我父亲每每经历人生动荡的时期，也会常常到这里来寻找心灵休憩的港湾。这片肥沃的深褐色土地，这些饱满成熟的胡桃，这条树荫遮盖的小路，这些杂乱生长着的荆棘丛，这块长满草木的墓地，这座郁金香簇拥着的钟楼，这质朴的门廊，虚弱的小榆树，这篱笆、葡萄架和绿色的大麻田围绕着的农人小屋……所有这一切都让入目的风景愈加可爱，当一个人在宁静、谦和、安详的环境里极目远眺，整个灵魂似乎都沉静下来。

这座城堡——如果说这座路易十六时期简陋的小房子也能被称之为城堡的话，它和附近的小村子相邻不远，坐落在乡野之中，毫不起眼，简直和一般的村里的房子没什么不同。省里面供应的烧火的屋子，大约有二三百的数量，也全部分给了各家各户。城堡就和村子里的各家和谐地相处着，跟村里的农民们达成了很好的默契。农民们的生活惬意而自在，可以随意地串门，去别人家做客的时候就像是回到了自己家似的。尽管房子的主人在大多数的时间都忙于家务，人们还是很好地找到一个适合拜访的时间。乡下有许多要照看的东西，例如孩子、家里养的鸡鸭和邻居放出来的山羊。村子里的人待人殷勤，性格也非常好，这一切都让我们感觉很舒适。

诺昂居住的人大多数都是农民，也都是些小地主。（有人特别交代我说，要多说些他们的好话。因为，照他的说法就是："我敢断言，这些村里人都是好邻居和好朋友。"）村民们那张严肃的脸孔下，都有些爱开玩笑的性格特质。他们恪守着传统的风俗，对一切有着怜悯之心，又不失一腔热忱的赤子情怀。无论是穿着还是行事风格，他们都不失体面。他们的活力有些慢热含蓄，充满了井井有条的秩序和极端正派的自我约束。他们性格自然纯朴，从不矫揉造作。除了一两个例外，我和这些诚实的人相处十分愉快。我并不是常常向他们献殷勤，也不会因为自己有时候对他们的帮助而高高在上、瞧不起人。我常常为他们做一些力所能及的事。同样，他们也在力所能及的范围内给我以帮助。他们心地善良，也很有办法。不过，他们对我的帮助并不需要索取什么报酬。因为对他们来说，一次小小的求助、一两句感激的话语、一丝真诚的感谢，都已经是对他们最好的回报。他们既不喜欢溜须拍马，也不习惯阿谀奉承。每一天，我都能看到他们身上自尊和勇敢的精神，而他们却并不滥用这种自尊来欺凌他人。他们一点儿也不粗鲁无礼，相反地，他们说话做事都极有分寸，知道什么该做什么不该做。我甚至觉得，在他们身上体现出来的礼貌比所谓"有良好教养的人"要高出许多。

这些也是我祖母对这些农民的看法。她在他们之中生活了二十八年，对他们十分满意。至于德斯夏特尔，他生性敏感易怒，自尊心又强，所以他和村民们之间的交往并没有我祖母杜邦夫人那样和谐。我常常听见他批评村民们性格狡猾、喜欢欺诈，而且十分愚蠢。我祖母批评了他的种种偏见，后来他因为内心深处的人文主义精神，也放弃了心里这些偏激的想法，和那些有失偏颇的荒谬判断。

我常常喜欢翻看我写的关于“乡村的人”这一章节，就像他们经常用来称呼自己的身份一样。自大革命以来，似乎乡下人就被贴上了不公正的标签，成了粗鲁和没教养的代名词。

我祖母在诺昂度过了许多年头，和德斯夏特尔一起致力于我父亲的教育，同时弥补她作为母亲的角色。至于她思想上的变化，可以在她写的手稿上略窥一二。我找到过一份手稿，大约就是写在这个时期。不过我不能保证这些一定是出自她的手。她有摘抄旁人作品片段的习惯，也会在她自己曾经写过的东西里面做摘抄。不管这些文字是出自哪里，都能从中体现她的思想状态，从而看出在恐怖时期过去之后她那整个阶级的精神状态。

“我们的存在，就是为了质疑欧洲法庭的裁断。整个欧洲都亲眼目睹了在法国身上发生的一切恐怖事件，并把这悲剧的原因归结为法国特殊的国情和广大法国人的腐败。这好像是在说，上帝保证了其他国家的人民不会像法国人一样狂热、其他国家要比法国更加审慎。这场混乱的革命催生了许多社会问题：人一下子失去了阶级，不知道自己身处何处，周围的一切似乎都变了，他们不知道还能不能相信以前的那一套！若是政府得到整顿、他们不再利用民众的弱点的话，未来说不定还能变好。唉，让我们继续寻找希望，对过去的缅怀只会让我们裹足不前。让我们朝着未来奔跑，因为今天是如此的黑暗，没有希望。你们这一代人要为后代人开辟道路，你们要为他们确定方向，你们是历史的书写者。你们写下的历史会成为未来对这个时代评判的依据，是再生还是沉沦，机会掌握在你们手中。在这无限漫长而痛苦的黑夜里，只有迎接远方的黎明才是你们唯一的宿命。法国人，请拿出你们的勇气，抛弃陈旧的桎梏，让荣光不再沉睡，让胜利显现出它应有的光芒！

法国人曾经是不幸的艰难承受者，他们曾经被超越自然力量的厄运摧毁或打败。在经历了漫长时间的压迫之后，他们唯一的愿望就是创造一个新的社会。他们的心愿并不远大，他们的渴望也受到了限制。有的时候，对于无限延续的忧愁和苦难，他们似乎也能平和地接受。为了生命的安全，他们甚至曾经在专制统治的暴虐下苟延残喘。

民众的精神一度被削弱，经历了长时间的萎靡不振，这似乎是不可避免的命运，也是古今闻所未闻的灾难。在这场灾难中，每个人最终的命运都是走向被迫害的深渊。我们看多了苦难，以至于我们渐渐迷失自己，失去了为了人类未来奋起抗争的勇气。对个人安危的考量是前进的桎梏，破坏了所有人的团结。这是人类的天性，可这天性却让我们看不到未来的希望。有时候，人需要为集体考虑一下，需要在人类自身的需求中牺牲一些东西，只是为了全人类更好的明天……”

不管这个片段的作者是谁，文字的内容不乏深刻的道理，我祖母也有能力写出这样一番话来。不管是不是我祖母的原创，这个片段至少是她思想的一个反映，要不然她也不会花费一番心思把这段话写下来了。在这个混乱的时代，留存了不少闪耀着智慧光芒的思想。而在那些无缘无故受苦之人的控诉中，我们也可以看见细微处的真实和公正。那些敢于批评政府的人自有一种伟大的情操，比起失去生命，他们更害怕失去自己的灵魂。

当然，这里存在一个明显的悖论，因为人们趋向于以自己的利益作为全局的出发点。有人说，法国人曾经因为他们的勇气、他们的胜利而伟大过，这都是他们在爱国主义的激励下作出的伟大创举。之后，文章的作者又通过法国人之间由于自私的心理而互相争斗的图画，表现出曾经伟大的法国人变成了一群对同胞的痛苦无动于衷、冷漠对待的人，因为他们自己也已经经受了足够多的痛苦。种种事实让人感到，这不是同一个法国人，这样，一切都解释通了。昨天的幸福，是因为旁人的幸福而更加珍贵。可这短暂的幸福之后，却是更长时间的漫漫痛苦以及兵荒马乱的命运。就像我祖母，她悲叹自己不能做更多的事来帮助别人，只能眼睁睁地看着他们被自己不能承受的残酷命运压垮。她竭尽所能帮助穷苦的人们，这些人的苦难让她心痛，而社会却没能发挥它扶危济困的作用。所谓社会的新生其实在还没有出现前就死去了，资产阶级永远占上风。我祖母曾经很中肯地评价了那个时代，那个时代当权者手中的权力受到制约，希望存在于普通民众之中。

至于法国人里面参军的一部分人，他们应该是法国的捍卫者。他们保卫着法国人民，同时也保卫着资产阶级，以及爱国的贵族。他们保卫国家领土，是自由主义富有英雄气质的殉道者。无论在什么时候，他们都有着不容置疑的光荣使命。这一点，无论从哪个方面看，都是毋庸置疑的。或许，在法国的土地上，希望的圣火从未离我们而去，它在法国的军队中不断地薪火相传。

作为对照，我会在下面引述一段有说服力的哀诉，引述的片段出自我父亲的往来信件。从这些信件来看，很容易看出它们写就的年代，就是在大革命时期法国国民公会的严苛统治之后。信件中有许多对于社会发展的悲哀预言，在其中，我们可以看到青年人轻浮的思想、对生命力量的陶醉，以及无忧无虑的冒失。青年人渴望愉悦——在年少时期长时间被管教的过程中丧失的愉悦。重新回到巴黎的贵族们仿佛失去了一半的生命力，半死不活的。他们宁愿回到城堡里过着一成不变、呆板刻苦的生活，也不愿眼睁睁地看着新资产阶级耀武扬威地炫耀自己的胜利，仿佛沉浸于过去奢华的生活是他们逃避现实的一种方法。人们有的时候就是这样，会一时糊涂，沉湎在过去不能自拔，却忘记了当下最应该做的事。

在那个时代，法国处在一个尴尬的时机。人们既希望摆脱原来的专制统治，又不知道他们建立的社会是否仍旧为旧的体制服务。还是说，他们已经找到了未来社会的蓝图，而这个未来社会能够保证社会有序运转，同时保证个人的安全。公民精神正在渐渐离我们远去，只有在军中还能找到公民精神的一丝痕迹。保皇党①采取的措施和曾经雅各宾派专政时期的政策一样残酷血腥，不

① 在拿破仑执政期间，波旁家族的人妄图复辟，保皇党多次策划刺杀行动，但都未果。百日王朝后，路易十八，路易—菲利普先后掌权，宣告波旁王室的复辟。

过其影响逐渐开始减弱。在巴洛事件（1796 年 5 月）中，拉·旺底死于贝里。有一个保皇党的军官，也姓杜邦，我认识他，不过他并不是我们的亲戚，他组织了复辟的最后一次尝试。我父亲那个时候已经到了可以参与其中的年纪，如果他愿意的话，他随时可以加入到事件中去。不过这样一次犹如亡命之徒的最后一搏，并不能增加我父亲英勇无畏的名声。我父亲彼时并非是保皇派的一员，他一生也从来不是一个保皇党。不管未来如何（要说明的是，在他那个时代，尽管拿破仑·波拿巴在意大利战场上接连取得胜利，没有任何迹象表明他会将法国重新带回专制主义），我父亲没有什么隐晦的考量，直截了当、无悔地告别了过去，也不曾妄图恢复专制。他和他的母亲从来没有参与任何秘密的谋算和计划，在恐怖时期洁身自好、独善其身，也不参与贵族的复仇行为。他们愿意顺应历史的潮流，走在广大人民为这个国家选择的道路上。他们静静看着各种事情的发生，用她不偏不倚的哲学思想对这些事件作出评判。而我父亲希望这个国家真正独立，奉行十八世纪大师们的思想。尽管这些思想并不成熟，但却充满了人道主义精神。不久之后，他就会去往军队之中，到那里去寻找共和国的最后一丝希望。有的时候，他的母亲心里会有重重的思虑，更希望他能够在艺术中一直愉快地生活下去。

下面，我们来说说 1796 年之前我父亲的主要活动。自 1794 年起，他一直跟着德斯夏特尔，学到了许多东西，但他在传统经典的学习中并不出色。他有艺术家的潜质，但是只有她母亲教他的那些才真正让他获益匪浅。音乐、语言、朗诵、绘画、文学，这些对他来说都非常富有吸引力。不过，他并不擅长数学，也不精通希腊语，拉丁语更是学得马马虎虎。在所有的学科中，音乐对他来说意义最为重大，小提琴是他一生的陪伴。另外，他还有一副好嗓子，唱起歌来美妙动听。他仿佛就是有这方面的天赋，从心底热爱音乐，并且为了音乐能够激发自身的所有勇气和冲劲儿。他喜欢一切美好的东西，为了追求心中所爱，他能够不顾一切地投入其中，不管结果成败。在他心中，占据更多地位的是他共和主义的思想。他比他母亲更加信仰共和，在他的身上，完美体现了共和国战争和帝国战争中的骑士主义精神。不过在 1796 年的时候，他还仅仅是个艺术家，下面这封信很好地表现了他对音乐的狂热。这种狂热，在霍夫曼先生对他的评价中得到了很好的体现。

“1796 年 7 月 24 号：

我亲爱的妈妈，我现在身在阿尔让东。昨天我一直在奔波，之后由于太累就睡着了，所以都没有时间给你写信。你简直不能想象我到达这里的时候是个什么情景，几乎所有沙托鲁的音乐家们都集聚到了德·塞沃勒先生的家里。尚托姆的修道院院长也在其中，他是一个非常出色的低音乐器演奏家，也是个非常风趣的人。吃过宵夜后，我们八个人便在花园尽头一个小亭子里开始模仿演奏。我们练习了普莱耶尔[①]的交响曲作品，一直持续到凌晨

---

① 普莱耶尔，即伊格纳茨·约瑟夫·普莱耶尔，Ignace Joseph Pleyel（1757—1831），古典主义音乐时期奥地利出生的法国作曲家，小提琴家，钢琴家，乐谱出版商和钢琴制造商。普莱耶尔 Pleyel 早年是约瑟夫·海顿（Franz Joseph Haydn）的学生，后在意大利罗马和英国伦敦进行音乐活动，又曾任法国斯特拉斯堡大教堂（Strasbourg Cathedral）圣乐队长。

三点钟。我们的小乐队人员十分齐全，有出色的低音部、美妙的管乐器演奏，奏出的音乐也非常动听，一切真非常有魅力。第二天，我们到了德·李恭黛丝女士家中，六点钟我们举行了一个音乐会，我担任第一提琴手。乐谱翻开，摆在我的跟前，我准确无误地演奏了几个曲子。蒂玻尔先生是这个地区的高手，不过在音乐会开始的时候他还没有到。后来，他终于到了，我很乐意地将自己的位子让给了他。因为后面的曲子越来越难，要是我继续下去的话会很吃力，这对我的名声可没什么好处。之后，我又拉了一首普莱耶尔的四重奏。我觉得，我一辈子也没有现在这么放松过。每拉完一小节，下面的人都回报我以热烈的掌声。我这次算是出够了风头。我就站在大约五十个人跟前，真是既大胆又有些厚颜无耻啊！到了十点，音乐会结束了，所有的演奏者都在德·塞沃勒先生家用了宵夜。吃夜宵的时候，我们享用了美味的香槟佳酿，借着酒劲儿，体型壮硕的修道院院长还把他的低音乐器拿到了餐桌上。他要众人跟他保证，不会中途离开。我们换了衣服，跑到了凉亭里，面上透着一股子兴奋劲儿。在那里，我们又开始演奏音乐，一直到第二天晨光熹微。修道院院长和一位来自沙托鲁的音乐家相互交替着演奏低音部音乐，德·塞沃勒先生也和他邻座的几位先生演奏中提琴。至于我嘛，我整个晚上都没离开我的椅子。我简直跟个疯子一样纵情欢乐，任何东西都不能让我停下来。我喝得醉醺醺的，好像漫步云端。我们一群人在五点的时候离开了，也清醒了许多，因为到处都是讲话的声音，还有欢笑的声音！……我一直睡到中午十二点，简直分不清白天黑夜。再见了，我亲爱的妈妈，他们又来叫我了，宴会又一次开始了。

我爱你，用我全部的灵魂拥抱你！

莫里斯

在同年秋天，我祖母让她亲爱的孩子莫里斯去往巴黎，可能是想用一次长距离的旅行排解他内心的愁绪，也可能是其他更严肃的原因，不过这些我都不是很清楚。不管怎样，在他们之间的通信中，多少反映了督政府①时期巴黎的面貌。

在他到达巴黎之前，还是先来看看他此次行进的路线。今天，我们从诺昂到巴黎只需要十个小时，但在那个时期，这样的一段距离大约要花费八到十天，而且沙托鲁和奥尔良之间的驿车也十分不便，走过这段旅途最便捷的方法就是在白天的时候骑马而行。从伊苏顿到维尔宗的路是最不绕道的，我父亲和德斯夏特尔选取的就是这个路线。不过，在这条路上，随处可见的是沟谷、悬崖、可涉水而过的小河，以及各种各样坑坑洼洼的泥坑。因而，在我父亲的一封信中（我不太记得具体是哪一封了），莫里斯向他的母亲寻求帮助，希望她能够给他送几匹可供接力的马来，用以对付这漫漫长路。从奥尔良到巴黎，每周只有两次有汽车通行，而且那些汽车简直破的要命！“至少，”我父亲如是说，“我们还在这条路上继续前行着，只要再坚持十八个小时，我们就可以从奥尔良抵达巴黎了！”（其实他弄错了，从奥尔良到巴黎需要整整二十四个小时。）

---

① 法国督政府，是法国大革命中于1795年11月2日至1799年10月25日期间掌握法国最高政权的政府，前承国民公会，后启执政府。

但是让他先说完：

“……终于，我亲爱的妈妈，我可算是抵达奥尔良了。我发现，我已经有很长时间没有见到你了。德斯夏特尔四处奔波，为我们俩找落脚的地方，而我趁机在这里给你写下这封信。我现在一点儿也不累，在经过菲尔德·圣·沙蒙到菲尔德·洛文达尔的时候，我们简直走不下去，差点儿就打道回府了。这一路，两旁都是带风车的磨房。走到半路的时候，我的马儿开始掉头，往后头去贝里的方向走，我甚至想任由它这样走回去。德斯夏特尔一路上都在跟他的坐骑置气，还学会了我曾经说过的骂人话。他设想要蒙上马的眼睛，不过最终他并没有这样做，只是心里想想。我们在这里遇到了社会上形形色色的人，在刚到达奥尔良的时候，我认识了一个保皇派的纨绔子弟，还见识了他的敞篷车！我希望不久之后，我们能够见识到更多的东西！我喜欢奥尔良，喜欢这里的桥，喜欢这里的房子，喜欢这里的行人！我觉得现在的自己简直像个傻瓜，不知道等我们到了巴黎以后又会看到些什么？

巴黎。

我们在奥尔良待了整整一个晚上，德斯夏特尔没能找到可以安置驿车的旅馆。告诉你吧，我亲爱的妈妈，我真的太喜欢奥尔良的桥和行人了。皇家大道上的一切都那么美丽，简直令人心醉神迷！再说说我，我见到了年轻的多尔萨纳，我们都很高兴见到对方。他带我去散步，我们走过林荫道，走过港口，走过小桥，之后到达剧院。在那里，正在上演《巴亚的爱情》和《错误魔法》这两部戏。我觉得，任何戏剧都没有这里上演的戏剧那样引人入胜。

剧中的帕里斯是个爱吹牛皮的人，而巴亚则是一个两手抓着帽子、体型肥硕的小丑，萨托马杰尔浑身涂满金色，衣服也皱皱的，就像古时候的木偶。我坐在剧院的一角，当戏演到最悲情的时刻，我却情不自禁地大笑起来。坐在我邻座的人觉得跟我坐一起受到了侮辱，因为他自认为相比于我，他完全领略了这出戏的精彩之处。最后，经历了二十四个小时的旅程，我跟德斯夏特尔终于到了巴黎。在港口的时候，我们被三个驱马疾驰的人拦住了，他们是第一等级的一些狂热分子。驾车的人比马儿还要疯狂，他们从埃唐普[①]山上下来，似乎发现任由马匹随心所欲地奔跑自有一番乐趣。有驿车跟在他们的后头行驶，开得一点儿也不比他们慢。我们忽然走不动了，后面的人见状，焦急地催着我们。一些人赌咒发誓要我们快一点，另一些人简直要下车来推推搡搡了。一个戴着假发、看起来甚是高雅的女士惊魂甫定，指责我们不该这么忽然停下。对我来说，我倒是觉得这样的行车方式没什么不妥，于是我呼道："车夫，扬起鞭子来！——不过啊，后面的先生们，只有轻快的前行才能到达目的地！这才是旅行的正确方式呐！"

于是，驿车又一次发动，劈开了周围的空气，车上每个人都紧紧扣住邻座的手。我顾着车上的整箱货物，这些东西是打算在到达的时候给车夫们畅饮一番的。最后，一路上激烈的行驶终于

---

① Etampes，埃唐普，位于法国法兰西岛大区，在巴黎南部。

放缓了，我们在离客栈不远处停了下来，大家伙儿在客栈里吃了宵夜。

你可以想象，在到达巴黎的时候，我的心情是多么愉快。一到那儿，我就即刻去了让索夫人的家里。离开巴黎这么久了，再一次与老朋友相见，这其中的狂喜实在无以复加。从让索夫人家出来，我又去了拉莱让斯咖啡馆，去见我的老朋友赫克尔先生。我哼着歌，一阵小跑，进了咖啡馆大门，却只看见几个专注对弈的人。他们斜着眼睛将我望着，仿佛在说："瞧瞧，这个门外汉跑到这里做什么来了？"我找了一圈儿也没有看见老朋友的影子，只好灰溜溜地走了。之前我还去了瓦罗尔咖啡厅，赫克尔先生自然也不在那里。不过，我遇见了德·普雷维尔先生，他透露说，德·拉罗什·德拉古夫妇已经到巴黎两天了。之后，因为我和德·普雷维尔先生都没有找到要找的人，于是我们两个就到了他开的餐馆。最后，我终于见到了赫克尔先生，我们俩面对面地见到了彼此。之后，我们又重新回到了罗亚尔宫。我们穿过庭院里的喷泉，一路交谈，夹杂着笑声，慢慢走着。后来，也不知道走到哪里去了，还是赫克尔先生先停了下来，问我说这是哪儿。"我也糊涂了。"我回答道。他做出一副严肃认真的样子来，说："我们真是疯了，现在该去吃晚饭了。"说到做到，我们一同去了吃饭的地方。

晚饭过后，我们又一起去看了《阿贝法尔》和《德底特》两出戏，整个晚上我都处于极度亢奋的状态。所以到了后来，在演最后一幕的时候，我竟昏昏沉沉地睡着了。回去以后，门房递给我一封信，信上说："我们已于今天晚上到达巴黎，而您是今儿早晨就到了，不管怎么说，咱们总算是可以见上一面！ 我们住在安古兰大街，希望明天与您相见！”

这封信来自德·拉布洛泰先生和他的儿子，能够再次与他们重逢是一件多么令人惊讶的事！ 翌日清晨，我七点就到了他们那儿，可是他们出门了，不过我见到了阿芒。 阿芒跟我说了许多事情，等我回去以后会一一详细地说给你听。 随后我又见到了阿梅德，中午在赫克尔先生家吃了饭。 到了晚上，我们去看了《迪东》、《普赛克》[①]的芭蕾剧。 在看戏的过程中，我专心致志地盯着舞台，没有错过演员的每一个表情。

我亲爱的妈妈，只有上帝知道我有多么想你，你没能跟我一起来真叫人遗憾！ 剧院是如此奇妙，如此雄伟壮观。 剧院里黑压压地坐满了人，所有人都聚精会神地盯着舞台上精妙无比的节目。 莱恩剧场简直不能跟它相比，尽管这个剧场和莱恩一样有嘈杂的声音，可这里的声音却自有一番高贵的气势。 演员的声音在厅堂回响，仿佛灵魂在高歌，又像一场波澜壮阔的运动在悄悄酝酿！ 我每一刻都在为他们鼓掌！ 迪东的扮演者是一个刚刚出道不久的新演员，他在演出过程中嗓音雄浑高亢，展现了无与伦比的舞台天分。

芭蕾剧《普赛克》的剧本经过了许多修改，比以前更能打动人。 在演出第二幕的时候，整体的布景经过了大幅度的调整。 剧中的背景不再是以前常见的那种难看的暗红色宫殿，取而代之

---

① Psyché，一译普叙赫、赛琪、赛姬、普绪喀，是希腊神话和罗马神话中的人物。 在希腊神话中，她是人类灵魂的化身（“普赛克”在希腊语意为“灵魂”），常以带有蝴蝶翅膀的少女的形象出现。

的是一个漂亮的廊柱，后面是一片开阔的场景。 除此之外，还有很多布置都比以前更好看了。 拉莫尔首次出现的场景也不是以前的宫殿大门，而是在一片云彩之后。 扎菲尔在这部剧里变成了一个风度翩翩的舞者，围着舞台转圈儿，跳得简直跟有名的舞蹈家维斯特利一样好。 总的说来，这部剧取得了巨大的成功，几乎以前所有的版本都无法与它媲美。

今天早上，我还到了德·费里埃夫人家里做客，之后我又跟贝尔农先生一同去了加索夫人家。 在那里，我们吃了些牡蛎，喝了几口香槟酒。 大家十分开心，除了你缺席这一点外，其他方面都颇为圆满。 不过，大家在喝酒的时候，都纷纷举杯祝你身体健康。 随后，我重新回到了德·贝朗热夫人家里。 还记得当她刚见到我的时候，甚至没有认出我来。 她跟我说，我真是从头到脚都变了。 随后我去了德·维泽莱夫人家，一直待到现在。 具体的细节等我回到家以后亲口跟你讲述，不过总的来说，大家非常想念你，都说要是能见到你就好了！ 友谊经历了这么多事后仍旧没有褪色，这一切都像是在做梦！ 真是太谢谢你，让我到巴黎来感受这一切！ 我现在急切地想回到诺昂，想要陪伴在你身边！我实在是太开心了！ 很想你！

用我全部的灵魂一千次地拥抱你！

莫里斯

德斯夏特尔写给杜邦夫人

共和国五年葡月[①]

终于能闲下来跟您说说我们最近的消息了！ 您肯定要说：“怎么出去了这么长时间连一封信也不来呢？ 这两个家伙到底在干些什么？ 他们现在怎么样了？”当然，您完全有理由数落我们两个，无论多么埋怨我们，我们也不会有一句反驳的话。 您的儿子可真是个冒失鬼，他马虎地竟然连邮差送信的时间都错过了！不过，除去这一点，他都表现得十分得体。 这可不是我在您面前为他大唱赞歌，委实是实话实说罢了。 在我们刚来巴黎的时候，很多人都没认出他来，不过每个人都觉得他是个风度翩翩的年轻人。 我知道，应该把他最真实的表现告诉您，我说的的确全是实情，他该做的事情没有一件不是出色完成的。 其他的，我也没什么新消息要告诉您，您想知道的消息几乎都登在报纸上了。 您大抵也看见了，儒尔登[②]已经是第四次败北。 尽管这对国家来说是个灾难，可在巴黎，似乎没有人关心这件事，他们貌似对局势一无所知。 我从未见过这样的巴黎，一个对法国的命运无动于衷的巴黎。

外头的物价高得吓人，我们简直不能相信从奥尔良到巴黎这一路花了那么多钱。 等让圣·约翰把我们的坐骑带过来，因为现

---

① 葡月，法兰西共和历的第一月，相当于公历 9 月 21、22 或 23 日至 10 月 22 或 23 日。

② 【作者注】彼时，儒尔登统率着桑布尔—埃穆斯的军队，而摩尔统率着兰斯—埃莫塞尔地区的军队。 他们在兰斯迎战法国的查尔斯大公，最后战役以儒尔登的第四次失败而告终，这对我们的军队来说也算是一场光荣的胜仗。

在有许多事情需要赶快去做。现在，在巴黎去什么地方都要提前一个月订票。因为巴黎是全国舒适和奢华生活的中心缘故，法国各地有的东西巴黎都有，所以我们简直可以只用走路或者骑马的方式就逛遍全法国。

再见了，夫人。这一段时间您的儿子不在您身旁，希望不会让您的心情烦扰，继而对您的健康产生什么不好的影响。请您一定要保重身体！

莫里斯写给他的母亲

1796 年 10 月 2 日

……昨天，我去听了一场很棒的音乐会，在卢瓦尔剧院举行，由格楠和年老的加维尼担任此次交响演奏的指挥。你也认识的，我们的老朋友加维尼在卢梭写《乡村占卜师》的时候就跟我父亲还有卢梭熟识了。而他在我流亡的阶段，跟我在帕西也有一段交往。演奏的时候，听众强烈要求他把浪漫曲再演奏一遍，而其他的演奏也十分精彩，收获了听众如雷的掌声。对于一个七十五岁的老人家来说，可真是了不起的成就！我看到这一切，也十分感动！

你猜猜，我还在音乐会上见着谁了？给你个提示，这个人穿着时髦，脚上一双轻便的皮鞋，这个人就是激进的共和党员 S 先生，我还跟他说了几句话。这段经历真是太神奇了，让我忍不住笑了起来。他一个劲儿地跟我打听关于你的消息，共和国二年的时候可没见他这么殷勤！

再见了，我亲爱的妈妈。我的时间很紧，待会儿就要去歌剧院。每时每刻我都因为你不在身旁而感到万分遗憾，所有的欢乐因为你的缺席而变得不那么完美。一千次地拥抱你！

代我向家里的那只小崽子表达我的友谊！

葡月的第八天

别担心，我亲爱的妈妈。由于邮差的原因，我们还没有收到你的来信。这些信需要六天的时间才能送到二十四公里以外的地方，而有时候则需要十四天甚至更多。举个例子，德·拉多米尼尔先生前天才收到你的信，而那封信还是你一个月前写给他的呢。所以说，我们没有收到你的来信也是可以理解的。

前天，我去看了《俄狄浦斯》和《普绪克》的芭蕾剧。我当时正在戏院的对面，距离戏院只有十步的距离，展现在我眼前的是一座古罗马式的圆形剧场。这个剧场以前是一个表演交响乐的音乐厅，后来被改建成了现在的样子。我从正厅进入，找到座位坐下来，就好像坐到了家里你的那把扶手椅上。剧场的舞台效果非常出色，音响效果也极好，总的来说真是个不错的地方。我又想你了，在观看台上演出的时候，虽然没有错过每一个乐章，可我无时无刻不在思念着你！昨天，我跟赫克尔先生和德泽先生去看了《走进革命委员会》，里面表现了雅各宾派人在革命时期的事迹。

所有我见到的人都在询问你今年冬天是不是还要留在外省，

当我给了他们肯定的回答后，他们无不十分惊讶。他们并不理解我们的想法，不过要我说，我对他们心里的想法可是一清二楚！

十月三日

那天，我正给你写信，就被朋友们叫了出去，一起去了歌剧院。本来那天该演《科丽桑德》，可是当我们到那儿的时候，却改成了《雷纳德》。不过对我这么个外省人来说，演什么我都可以欣然接受。我坐在观众席里，从头到尾都饶有兴趣地欣赏着。赫克尔先生认识法国艺术审查委员会主任甘格纳[1]先生，只要每次有演出，甘格纳先生都会给赫克尔先生留两张票。后来，几个经常往来的朋友就结成了友谊深厚的小圈子。我们到剧院的时候，看到了几个颇为迷人的女士，她们的气质非常优雅，可是当她们一开口说话，之前对她们的所有美好幻想都会被打破，您会听到她们大声地喊："该死的！这跳的是什么破舞！"又或者是："活见鬼了，屋子里怎么能热成这个样子！"如果您实在听不下去了，走出剧场，您会看到街道上一辆辆马车急驰而过，发出阵阵嘈杂的声音。有些行人匆匆穿过街道，路过的马车激起的泥浆溅了他们一身，带着一股耀武扬威的嘲笑意味。这时，您还会听到各种呼喊声，例如"让开让开，监狱的供应商老爷要过去！"又或者是"衙门拆封条的老爷来了，让条路出来！"

可是行人们仿佛什么都没有听到，顾自走着他们的路，仿佛

① M. Ganguené，法国诗人，音乐评论家。

对这装腔作势的行径进行一番无声的嘲笑。不管如今的世界变化有多么大，我们似乎还是能够说起以前的老话：“老实人脚踏实地，无赖汉投机取巧。”不过这里的无赖汉说的是以前的无赖汉，而不是如今的。

再见了，我亲爱的妈妈，我今天晚上还要去剧院看戏。对了，今儿早上，赫克尔先生带着我跟公爵先生一起用餐。

爱你，拥抱你！

十月五日

我跟公爵先生一起吃了早饭，公爵先生对我极热情且友好。明天，我将会和我认识的人还有一位你的朋友一起去乡下，和这些人相识让我的巴黎之行增色不少。那天晚上，我又去看了《俄狄浦斯》这部剧，莱斯尼的出场让我十分惊喜。昨天，我还去了意大利人开的剧院，在那里看了《罗丝与科莱》和《卡米尔》这两部剧。

对了，记得帮我跟女仆说一声，我的头发短了许多，以后都不用她再帮忙打理了。你知道的，她以前最喜欢在我头发的式样上花工夫。

十月八日

我们现在的通信实在是太困难了，以至于我现在一边给你写信，一边还得担心这封信能否到得了你手上。其实这几天，我几乎每天都会给你写信。这些日子发生了很多有趣的事，我一直想要跟你分享，却一再错过时机，邮差也老是喜欢兜圈子，经常搞丢我的信件，这让我很愤怒。不过亲爱的妈妈，你尽可耐心等待，我会努力处理好这些事情。

前天，我在公爵先生家吃了晚饭，他和德拉格夫人住在一起，她的房子是全叙雷讷[①]地区最漂亮的。今天，我打算去拜访弗莱隆地区的大法官，在他家里将会举行一场重要的晚宴。

十月九日

那个该死的邮递员！我本来以为今天可以收到你的来信，凌晨三点我就回到了住所，找了一圈也没有找到，后来一整天心情都很低落。今天早上我去了萨隆，那儿有许多商店，还有几家连锁的旅馆。这几天我都有音乐剧可以看，今天也一样，我看了《在陶里斯的伊菲革涅亚》[②]。莱斯尼在这部剧中也有出演，并且演技突破以往，有了很大的提高。我还在意大利人的剧院里看了《菲利多尔的贝里塞尔》，同样很出色。

昨天，我穿着那双轻骑兵式样的鞋子，这种鞋子现在很流行。我下身穿了一条长裤，上身的礼服也是现阶段最时兴的式样。你知道的，现在流行把自己穿成方方正正的样子，领子一边

---

① 叙雷讷（Suresnes），是位于法国巴黎西郊的城市，距离巴黎市中心有9.3千米（5.8英里）。

② Iphigenie en Aulide，《在陶里斯的伊菲革涅亚》原为古希腊悲剧诗人欧里庇得斯的经典悲剧，讲述特洛伊战争之前的一段故事，后多有改编重写。

歌德所创作的《在陶里斯的伊菲革涅亚》（Iphigenie auf Tauris）则与古希腊悲剧诗人的情节有所不同。全篇故事以人本思想为基准，重点强调了作为人本身，也能克服上天所传承的诅咒和灾难的理想。

翻折，还要打上领结交叉在颈前；鞋子要有很高的跟，衣服两边靠近手的地方有两个口袋……这些都是当前的风尚。不管怎么说吧，我亲爱的妈妈，你简直不能想象我穿成这样一身僵硬的样子！你要是看见了，一定会笑得直不起腰来的！

再见了，我亲爱的妈妈，我要穿着我的新衣服去拜访朋友了。要好好保重自己，用我全部的灵魂拥抱你！

话说我们亲爱的看门小狗、帅气的特里斯坦先生最近过得怎么样？它现在还喜欢绕着你的扶手椅一圈儿一圈儿地跑吗？

十月十一日

我今天终于又看了《科丽桑德》这部剧，剧中第二场第五幕已经过了改进。当然，我这次还是跟赫克尔一起来的，谁让他满口袋里装的都是戏票呢。我看剧的时候坐在乐队旁边，所以从我这里可以清楚地听到格楠的演奏。而我自己也仿佛变成了乐队的首席提琴手。

我昨天去了南特伊夫人那儿，她跟我也是很好的朋友。我在她那里只停留了大约五分钟的时间。当时她的大女儿正在弹钢琴，在钢琴上摆放了一把质地很好的小提琴。我把小提琴拿了过来，拉起琴给她伴奏。我们从十二点一直演奏到下午三点钟，她弹奏的正是普莱耶尔最美妙的奏鸣曲，这些曲子我以前也演奏过。那时是为了给德·塞沃尔先生伴奏，我把这个乐章的曲调都记在心里，演奏的技艺也愈发熟练。过了一会儿，又来了几位访客，给我的演出增添了许多听众。这是一场充满激情的交响，忽然到来的听众让我简直有些手足无措，连头都不知道往哪儿放才好了！

十月十三号

我一次收到了你给我写的两封信。 大约是我们的邮差觉得只有一封信太孤单了，非得攒够两封才一起送过来。 亲爱的妈妈，你在信里问了我好多东西，叫我一下子很难在回信里给你一一解释清楚。 我打算等回去的时候详细跟你说，相信这会是咱们晚上闲聊的好话题。 在巴黎的这些日子里，我拜访了很多人，也根据你的要求去见了几个老朋友。 昨天，我在德·菲利埃尔夫人那里吃了晚饭。 晚上，她又把我送到了德巴尔夫人那里，一起去的还有德泽、她的妹妹以及另外两个年轻人。 那天晚上我们玩得很疯，做出了许多荒唐的举动。 我还见到了纪尧多，他长了一张略胖的脸，面色苍白，嘴唇是朱红色的。

对了，我还去打理了一下头发。 不过我的头发很短，根本不到需要剪的长度。 两颊的头发刚刚过耳，后面的则垂在上衣的领子上。 小狗的耳朵有一个优点，不管它有多长，及时在上面贴上卷发纸，它上面的毛发还是不会有丝毫卷曲，我的头发就没有这样的好运气了。 至于我脑袋后梳的辫子，还跟来巴黎前一模一样。 女仆要是看到我两颊的头发已经过耳，该是非常欣慰的吧。每次看到她对着我的头发一脸无奈的样子，我都不知道该怎么宽慰她，只好不停地感谢她的巧手，再说些蠢话什么的。

再见了，我亲爱的妈妈。 我拥抱你，用我全部的灵魂爱你！

十月十五号

不管是不是“脚踏实地”，老实人都要抱怨一下巴黎糟糕的天气！ 谁让巴黎有那么多可以去、可以看的地方，一旦被恶劣的天气阻挡住出行的脚步，该是多么扫兴！

早晨我去了萨隆，从三点到六点，都是我在朋友陪伴下漫长的用餐时间。 到了晚上，我又一如既往地出去看戏。 我和好多朋友都在德·菲利埃尔夫人家里吃了晚饭，德·菲利埃尔夫人热情地接待了我们。 大家都提到了你，非常想念你！ 晚餐很丰富，盛在精致的银质餐具里，看来共和国毕竟没把我们所有的东西都拿去。 在座的有几个快活的年轻人，我们的谈话内容甚至让一向古板的德·拉多米尼尔先生都忍不住捧腹大笑！ 晚上，我在菲耶多大街的剧院看了《父亲们的秘密》，最后一幕的表演简直和九三年以前如出一辙：剧中的富勒尔穿着同样的衣服，达西古尔也是一样。

十月十七日

你宁愿忍受自己一个人的孤独，也要我在巴黎多盘桓几日，这真是太贴心了！ 你真是世界上最好的妈妈！ 要是你跟我一起也在巴黎的话，简直就完美了！ 今天一整天我过得既充实又愉快，愉快得好像都不是自己了。 我的朋友赫克尔给了我两本关于伦理道德方面的书，一本是关于灵魂不朽，另一部是关于“真正的快乐”。 这两本书分析独到、深入，说理晓畅而雄辩。 这两本书都是他去年冬天写的，他希望我看完这两本书以后能对美德等概念有更深刻的理解。

昨天我在德·莎贝尔夫人家里演唱了《俄狄浦斯》的歌剧，取得了巨大成功。不过，我要把这个成功归功于谁呢？当然是我的母亲！你不厌其烦地教导我，你的知识比世界上最博学的人还要丰富！演唱之后，我们开始跳舞，所有人都穿着靴子。虽然靴子很流行，可着实不适合用来跳舞！一曲之后，我们喝了些茶。

再见了，我亲爱的妈妈，用我的全部灵魂拥抱你！

另向奶奶致以真挚的问候！

十月十九日

你在来信中问我德·拉·布洛泰先生是不是收到了你的信，我对此一无所知。因为他还在政府流亡贵族名单上的缘故，他现在每次去乡下或者来巴黎的时候都是悄悄的，尽量不使人发觉。

公爵先生对我表现出极大的友情，我常常和他一起吃饭。如果他要去西班牙的话，大约会经过诺昂。我跟他说要是不方便的话，也不用再去西班牙的旅程中特意绕道诺昂拜访我们。我现在简直成了万人迷，每个人都喜欢邀请我一起用餐，可是我总不能去所有人的家里。

对了，跟圣·约翰说一声，要他把我养在牧场里的马牵出来，给它喂些燕麦，好让它提前适应长途跋涉的旅途。现如今，骑马依然是最方便快捷的出行方式。

今天早晨，我又是跟公爵先生和赫克尔先生一起吃的早饭。在餐桌上，我们狼吞虎咽，像三个疯子一般大笑不止……之后我们三个人一起去了新桥[①]上，几个女商贩围了上来，她们甚至还拥抱了公爵先生。你可以想象一下那个场景，就像是拥抱她们敬爱的小王子。由此可以看出，如今的市民风气已经大大不同了。不过关于这些，等我回去再慢慢给你道来。

这两天，我穿梭在各种熟人之间，马不停蹄地拜访。我即刻就要离开巴黎，不过我一点儿也不难过，因为这意味着我可以跟你重逢了！

我跟奶妈说过好多次了，她可得准备好帮我刮一下脸。我好久没有刮脸了，在巴黎，人人都蓄着那种两端向上翘的小胡子，这也算是风尚之一。

德斯夏特尔想帮德·香得尔夫人的儿子找一个家庭教师，可他忙活了半天一个人也没找到。要知道，现在可是不比从前了。受过教育的年轻人不是当了医生或外科专家，就是做了律师，身体强健的人也都被国家雇用。六年来，几乎每个人都找到了工作。现在好多人都想把自己的孩子放到学校一类的机构里，可是也不一定能办成。所以这几年，目不识丁的法国人越来越多，要是没有德斯夏特尔，我恐怕也会变成他们中间的一个。我该说些什么呢？要是没有妈妈，我怎么会有如今健全的人格和心灵呢？

① 新桥，Le Pont neuf，巴黎最老的桥，名为“新桥”，却是巴黎桥中的长老。之所以叫新桥，因为那是巴黎的第一座桥。

十一月十三号

我们明天就动身回去了。德斯夏特尔终于纡尊降贵，把他漂亮的双腿放进了靴子里。我就知道，他一个人是不可能战胜潮流的！靴子在马上穿还是很方便的，在舞会上可就不是这样了。要是穿这样的靴子，我们跳完四组舞曲之后就会累得不行。不过，穿靴子也有好处，就是在用脚尖旋转的时候会省力许多。

再见了，巴黎！你好，我亲爱的妈妈！我归心似箭，回去的路程比来时更加匆匆，其他人也是一样。现在，似乎随时随地都能找到幸福的感觉。巴黎的新贵们欢欣鼓舞，奢华似乎从没有像如今这样闪耀着醉人的光芒。再见了，所有虚荣的繁华，我的母亲翘首等待着我归来！辛苦了，我的马儿，拜托你再跑快一些！我终将会真正拥抱住你，或许这一刻来得比这封信还早一些！

莫里斯

第六章

萨克森大元帅

我的朋友们在阅读我前面文字的过程中，心头产生了许多疑惑。 我想，在继续讲述我的故事之前，要先稍微暂停一下。

朋友们问我，为什么我几乎都没怎么讲历史上的那位萨克森大元帅呢？ 难道他不是你叙述的那段历史中最举足轻重的人物吗？ 对于这位历史上记载不详的人物，难道我就不知道关于他的一些特殊事迹吗？ 难道我的祖母就没有从这位陌生而神秘的人物身上耳濡目染了什么习惯、并将它们传之后代的吗？

事实上，的确没有。 对于这位父亲，我祖母实在不知道有什么特殊的东西，自然也没什么好说道的。 当她长到两岁的时候，这位父亲便离她而去了。在她模糊的记忆中，抑或是在她母亲的叙述中，她隐约可以回忆到儿时的餐桌上，她与父亲互相拥抱的场景。她记得，父亲身上散发出陈旧的黄油味儿，对于她早熟而灵敏的嗅觉而言，这样的味道并不令她喜欢。她母亲向她解释，像父亲那样的大英雄都喜欢黄油浓重的味道带来的激情与冲劲儿，为了讨父亲喜欢，她需要把反感的情绪隐藏在心底。事实上，在厨房的时候，所有的味道都是一样的惹人讨厌。父亲喜欢吃硬面包和几乎还是生的蔬菜。对于一个半生戎马的男人来说，这仿佛是再正常不过的事情。

我祖母还记得，她父亲曾经给她带来一只用金线镶边的绵羊玩具，父亲指着绵羊对她说，这是来自那位著名的洛文达尔伯爵的礼物。在那时，这只小玩具价值两三千法郎，可是如果把金线拆下来按照成本算的话，它只值五六百法郎。尽管在我们看来，这简直是不可思议的奢侈浪费，可那个时代的人甚至愿意花上比原价值高两三倍的价钱买一个东西，只是为了显示自己有钱，有钱到仅仅是为了享受把钱花出去那一刻的快乐。

这就是我祖母能回忆起关于萨克森大元帅的所有内容了。我想这对你们来说可能实在算不了什么。

萨克森大元帅从此静静地进入了历史，而历史却将他生前的事迹无限放大吹嘘，到了今天，这些吹嘘才渐渐消停，还历史以原貌。然而，历史还原的真实和我认为的事实会相同吗？尽管那么多年过去了（自从他死后已经过去了一百年），难道我就有权利去肆意评判一个人吗？在我成长的环境里，家里人对这位大人物的事迹始终保持着一种盲目的崇拜。我承认，在我阅读了有关他的著作以后，这种盲目崇拜被削弱了，从前根深蒂固的观念受到冲击，我甚至不敢再看任何关于那个时代的文字。

在萨克森大元帅的身上，我看到了无数让人称道的品质，可若是我只向你们叙述他人格中闪光的部分，避而不谈这些闪光之后同时存在的黑暗，我一定会被指责是一个阶级偏见分子。所谓阶级偏见分子，就是对成功阶层有着傲慢的崇拜，眼里只看得见闪闪发光的贵族情怀，却谈不上真正的尊重。因为真正的尊重更注重于寒微处发现美德不会高高在上，更多的会有着平等的态度。

有的人又要说了，我的所有顾虑似乎都只是因为我算不上是萨克森大将军名正言顺的后人。我承认，这话说的的确不错，也很直接。无论是公证人在场的合法确认，还是公证人不在场时家人的认同，在我这里似乎都是缺席的。

话说回来，萨克森大元帅身上的确没有多少特殊的地方。我下面要说的，估计你们也都早已经知道了：他的名字是阿米纽斯·莫里斯，1696 年生于德雷斯得，年少时期和哥哥生活在一起——他的哥哥在波兰国王奥古斯都三世时期被选为大公。到了十二岁，他离开母亲的照料，徒步穿越德国，加入了当时萨瓦省和马尔堡的欧仁领导的军队，并随军队围攻里尔。我们知道，在军队里他曾经有好几次大胆地跳上战壕，接应前来的法国人。也就是在随后的战役中，他第一次接受了战火的洗礼。后来，在围攻图尔奈的时候，他的马被子弹击中，子弹甚至从他的帽子上穿了过去。之后那一年，在攻打蒙斯时，他一马当先跳到了河里，把一个步兵背在身上，一下子就把敌人射倒，那个敌人本来还以为可以轻而易举擒住他呢。他近乎疯狂地将自己暴露在危险中，也正是因为他的鲁莽，欧仁亲王曾亲自警告过他。

我们知道，在1711年的时候，他就已经和查理七世对垒。到了1712年，在他十六岁的时候，他成为一支骑兵队的统帅。有三次，他因为冒进而把手下的人带入陷阱，差一点让骑兵队全军覆灭。

他在十七岁的时候跟女伯爵洛本夫人结婚，并在二十岁的时候成为一个男孩的父亲。可惜的是，这个男孩还没长大就夭折了。此后，他一直满腔热忱地投入到他的战斗事业中，有的时候是对阵查理七世，有的时候是去攻打土耳其人。他似乎抱着一种坦率而纯朴的感情敬佩着查理七世，为了接近查理七世，他有不下十次把自己推到了差点被杀死或者被擒住的境地。他对战争的艺术有着巨大的热忱，以至于少有时间回到家里来。据他的妻子说，他就算偶尔回家，也只是为了不让别人以为他对家庭不忠。他曾经公开表示过自己对婚姻反感，尽管他母亲希望他像普通的孩子一样，可他依然要比同龄人早熟许多。实际上，在那个年代的人物中，他的性格最像个孩子。他固执地反抗自己的母亲，坚持自己的观点，直到达到妻子口中的“成功”。

1720年，他离开家去法国，法国摄政王任命他为军队元帅，一年以后，他正式与他的婚姻决裂。他的妻子为这事儿哭了很久，后来没过多久便再嫁了。这个年轻人周围的一切和法国摄政时期的风俗习惯，随意打破他和旧秩序之间的联系，信仰和爱情都不再重要。他的出身、他父亲的放荡不羁对他的影响、他成长的宫廷……所有这一切在他看来都是腐朽的旧秩序和伤风败俗的缩影。后来，他被选为公爵，和女公爵安娜有密切的交往，并且更加积极地投入到了保卫公国领土的战斗中。不仅仅是为了他的野心和信念，更是为了保护安娜。然而天不遂人愿，他似乎很难对一个人专一，不久之后他便故态复萌。有一天，当他穿过公爵夫人庭院的时候，肩上扛着一个女人，巡夜的人挑灯经过，见到这个情景，吓得大叫起来。他一脚踢翻了灯笼，结果跟着巡夜人，连带那个年轻女人，一起滚到雪地里。一名卫兵赶过来，这件糗事便由此传开了。公爵夫人拒绝原谅他，后来更是出于报复的心理，对他宣布，自己要嫁给一个俄国人，而那个俄国人是未来的沙皇，比他强一百倍！

我发现自己似乎一直都在作概述，不过我也不愿意用一些虚假无味的章节来让我的书显得更厚些。萨克森大元帅为法国打下的战役对你们来说都是耳熟能详的，我在这里不需要再赘述。要是你们想在这本书中看到关于萨克森大元帅人格魅力以及光荣使命的片段，我就在下面引述几段亨利·马丁在《法兰西历史》中所记述的。《法兰西历史》是至今为止同类书中最好的，因为它对于历史的记载最为详尽。

“（1741）军队没有找到任何有条理的策略围攻布拉格，巴维尔的行政长官采取了大胆的方案，逐步进攻这座大城市。进攻方案是由一个军官确定的，这位军官在被任命前就有了一定知名度，他就是萨克森的莫里斯—奥古斯都二世的私生子，充满激昂热情的冒险家。他野心勃勃，拥有无穷无尽的战争灵感。在1726年被选为公爵的五年后，他将自己的领地扩大，接壤波兰与俄国，他现在为法国国王效力。他在1733年又打了一场大胜仗，带领军队一直打到了多瑙河。巴维尔的行政长官做了一个正确的决定，他听从了莫里斯的建议，将自己计划制定者的角色变成了莫里斯计划的执行者。他和莫里斯并没有太多相似之处，可他们却都出身行伍，有着同样的热情和勇气。尽管时事动荡，他们却有着自己的坚守，以及为这份坚守拼尽全力的热情。在他们的强攻之下，里尔城只是一圈建造着堡垒的围墙，外面被一道浅浅的小沟围着，如此不堪一击。在12月25号夜里，行政长官悄悄地将对面几个堡垒指给投弹手看，并指示莫里斯带领一队骑兵进攻临近的大门……当他们攻进城里的时候，两位统帅并没有屠城或破坏，反而对城市加以保护。这在战争史上是一次贵族式的高尚的进步。”

“（1744）……法国的主要军队，拥有八万名士兵，于五月中旬进入弗兰德。这支军队由国王亲自指挥，陪同前来的还有诺伊将军和萨克森的莫里斯伯爵。虽然萨克森的莫里斯是胡格诺派[①]教徒，但还是被授予了大元帅称号。这是对宗教偏见的胜利，也是对法国改革的声援，主要得归功于诺伊将军，当然也少不了国王的力挺——为了克服一些人的偏见与迷信，国王费了很大功夫。诺伊将军让国王意识到了萨克森的莫里斯这个外国人在军事上的巨大才能，法国正缺少像他这样的统帅。”

“（1745）——萨克森大元帅在1744年得到正式任命，成为名副其实的大将军。凭借他的天才手段，里尔抵抗住了入侵者的围

① 胡格诺派（Huguenot），又译雨格诺派、休京诺派，16～17世纪法国新教徒形成的一个派别。曾于1562～1598年间与法国天主教派发生胡格诺战争，后因南特敕令而得到合法地位。后又遭迫害，直到1802年才得到国家正式承认。

攻。从此以后，再也没有军队敢来挑衅。1745年，萨克森大元帅被任命为全军统帅，而他却隐隐约约觉得自己的英雄生涯在到达顶峰以后悄然衰落。他的身体开始被浮肿折磨，病痛迫使他不得不接受痛苦的穿刺治疗，他曾经健硕的身体渐渐被摧毁，渐渐支撑不住。有人怀疑以他的身体状况，还有没有可能重返军队。甚至有一天，连伏尔泰都问他，以他现在这样虚弱的身体，还能做些什么呢？大元帅反驳道：'生命的意义不在于活着，而在于不断地去做新的事情！'这也是萨克森大元帅身上一个非常重要的品格，人与人之间的差距往往就体现在行动力上。"

"这一天仿佛是命中注定。萨克森大元帅一生经历了一切事情，到达了他所能到达的所有地方。他曾跃马驰骋，也曾经坐在有篷马车上浏览乡村景色。现在，在一次惨重的失败过后，他选择退出历史舞台。国王和王太子前来向他表示问候，尽管两个处在帝国最高位置的人能够在大多数场合保持翩翩风度和从容的气场，可在萨克森大元帅面前，他们却不知道该说些什么才好。他为这个国家做了太多，可这个国家却无以为报。"

"冯特诺伊战役的胜利极大地振奋了法兰西人民的信心，并且变成了整个法兰西民族的胜利……而这荣光的缔造者，萨克森大元帅，却垂垂老矣，身体虚弱即将死亡。"

"（1746）萨克森大元帅从病痛的折磨中稍稍恢复过来，就在当年冬天率军队入侵了布鲁塞尔。而短短三周，这个荷兰最美丽的首都便在战火中缴械投降。"

"——五月初，国王前来督战，这对于军队的行进不仅毫无用处，更严重打乱了原本制定好的计划。本来莫里斯可以很快结束这场战争，可是来自宫廷方面的指手划脚却让他分身乏术。”

暂时将史书的记述中断一下，让我们回过头来看看大元帅本人。不懂战争艺术的人很难理解莫里斯的作战风格。在1746年的信中，诺伊将军告诉莫里斯，他被选为法兰西学术院①的成员，可在莫里斯的回信中，我们却可以看到，这个行伍出身的军人连基本的语法拼写都错误连连。然而，蹩脚的语法却无法阻止莫里斯拥有一个真正作家所具有的品质。从他写的一些文字和文字中透露出的思想，我们可以看到十八世纪文学运动的影子。他的文字简洁明了，表意清晰，表述的东西也具有很高的历史价值。同时，他的字里行间透露着幽默和积极的人生态度，坦率之中又有几分宏大。他的文章明显受到了文学传统的影响，却又不失作者的个人风格。下面是他写给骑兵富勒尔的一封信：

“1746年5月5日写于营地：

亲爱的骑士，我已经收到了你的来信。我很高兴，关于荷兰人弃城投降后我军下一步的计划，我们有同样的看法，这让我觉得自己并非孤军奋战。我们实在没有必要赶尽杀绝，他们现在已然溃不成军，散兵游勇是不会对我们有什么威胁的。不知道你有没有意识到，现在的军队已经被宫廷插手，这给我们制定方案造成了极大的不便。

我带领这支军队进行了大大小小四十次战役，在蒙斯授勋之时，我就已经统帅了五十个骑兵队。现在，宫廷方面的人突然查

---

① 法兰西学术院，历史悠久的学术权威机构，法兰西学会下属的五个学术院之一，主要任务是规范法国语言，保护各种艺术。学术院由四十名院士组成，当选院士是极高的荣誉，该学术院院士集中了法国学术界的最高权威。

收，我只能求上帝保佑他们接下来一切顺利了！ ……

至于国内的政局，我在这里就不跟你废话了，玩弄政治的人可比我的脑袋灵光多了！ ……”

几天之后，他写信给弗里德里希二世：

“陛下一定知道，现在军队方面总是受到国内政坛中人的横加干涉。 如果这样的话，前线若是出了什么乱子，我也爱莫能助。我想，现在有必要跟你说一说局势的紧张程度了，国内有些人想利用军队的影响力来左右政局，这简直是拿国家前途开玩笑。”

同年 7 月 6 日，他写信给阿让松伯爵：

“收到您的来信我很荣幸，您说国王认为我一直固执地坚持守旧方针，不知道适应当下新形势，可是我却认为我们不应该在明知前路危险重重的情况下还一意孤行。 我们不能总是把自己推到背水一战的危险境地……

先生，我并非天性守旧，我想您一定是知道我对国家的忠诚的，我做的一切决定不过是战争策略使然。 我不想在这里争论政治和军队哪个更重要，但是我知道政治介入军队一般都是有害的。”

几乎莫里斯写的所有信都让我们看到了他面临的困境：一边是肩负的责任，一边是旁人横加阻碍造成的困难。 当时的法兰西国王崇拜历史上建立赫赫军功的帝王，期冀着自己有一天也能耀武扬威地巡视被自己打败的敌人。 可是他却不顾及自己插手军务会对战争进程造成的后果，盲目地认为莫里斯会给他做好善后工作，而自己却轻率地将国家的荣誉与军队的存亡置于危险境地。有一次国王给莫里斯写信，信上说：“表弟，我希望您同您认识的军官们能加入到‘我的军队’中来，等等。”这位胡格诺派的大元帅即刻意识到国王心里打着什么算盘，也随时准备着弥补国王做出的错误决定将会导致的后果。他不仅在军事上很精通，同时，在他的身上我们可以看到当时充满了逢迎和腐朽的上层阶级所不具有的坦率品质。他知道自己肩头的责任，也知道自己该付出什么样的代价去实现它。有时，他也会埋怨孔蒂亲王做出的糟糕决定，在他给阿让松伯爵的信里就写道：“先生，您就看着吧，他们为了取代我，扶植了德斯特里伯爵。兴许哪天让这位伯爵率军冲着空地开几枪，就算是立了军功呢。”

他同时道：“我秉承着为国王效忠的原则，才对孔蒂亲王的要求一丝不苟地执行。但我不保证，我以后不会给他点威慑，光说我打算回军营就够他闹心一段时间了。”

1747年，他把对于军队形势的分析装订成册，写成了一本回忆录。在书中，他还对自己带兵的经历做了反思，这一举动更是凸显了他坦率的品质。在这个内心纠结的军事艺术家眼中，爽直的性格让他不得不在理想和现实中痛苦挣扎。

“智慧的人都会看到，我的观点并不为上层政客所接受。如果说我的私人生活充满了不确定性和无穷的变数，这些不确定性和多变性也对我的行军风格造成了巨大影响。若是遇到有人试图左右我想法的情况，我都会认为这将使我的军队陷入无序与混乱。善于雄辩和说理的人对于军队其实是非常危险的，因为他们的语言具有极强的煽动性，而我本人又常常意志不坚定，容易受别人想法影响。这算是我的一个不足，不过，我常常会对各种观点保持一种不信任的态度，也多多少少减少了我犯错的几率。”

“我为人处世向来不喜欢拐弯抹角，这可以成为你们评判我的一个标准……波尔·欧普·祖木事件已然进展到了人力所不能改变的境地，换句话说，这样的境地是以前从未有过的。我们将会失去的东西和我们的自尊心或许会警示我们，要我们在政治的漩涡中即时抽身。否则，我们就要做好牺牲军队的准备，同时牺牲国家的光荣。有一些无稽之谈甚嚣尘上，让人们以为是将军的拖延导致了军队的覆灭。其实，将军早就已经预见到将会发生的灾难，可他却无力带领军队在这迷宫中杀出重围。他只有大声说出自己的话，或者写写回忆录，才能让人们知晓他的观点。可笑的是，真正将军队推向万劫不复之地的罪魁祸首，竟是那些从来都不关心前线战事的人。他们只是在为自己的政治生涯铺路，不惜策划阴谋，耍无耻的手段，不达目的不罢休。”

“在军队驻扎的时候，我可以稍稍遵从医生的指示休息一番。医生们每次给我看病的时候，仅仅只是给我提供一些建议，仿佛把病人治好并非他们的责任似的。”

“在战争中，经常需要依靠感性和灵机一动来做出决策。如果一位将军每次都要想清楚，为什么要先攻打这里而不是那里，结果常常会事与愿违。人们对环境的感应比对局势的分析更加灵敏和准确。”

从所有的书信和文字中，我们可以看到莫里斯对政治上的压迫是有多么不耐烦，对于肤浅轻浮的宫廷又是多么失望。上层的人将战争视为他们茶余饭后的消遣，似乎安逸的生活过久了，得来点儿惊心动魄的东西才行。却未曾想到，消遣的代价是昂贵的，牺牲的是多少战士的鲜血和生命，还有国家的荣誉与尊严。

每个军官年轻的时候都会更多地考虑个人荣誉，这肤浅的虚荣心却会让他的军队甚至他自己陷入危险的境地，最终可能导致整个战争的失败。莫里斯在十五岁的时候也犯过这样的错误，当时欧仁教训他说："你要记住，个人价值的实现绝不是靠莽撞。"那个时候，他还是个孩子，却把这句话牢牢记在了心里。他成长在最好的年代，在他之后的人很少有像他那样从战火中摸爬滚打出来的，也不会像他一样，深知战争是要以鲜血和生命为代价的。可以说，他是一个真正的人文主义者，他在建立功业的同时深深知晓战争给人带来的伤痛。对于耽于享乐的贵族因为虚荣心，冒进地想快速结束战争的行为，他竭力阻止。1746 年，弗里德里希国王在给他的信中写道："您的来信可以作为军队行进的指南，所有带兵打仗的人都应该看一看。您给他们提供了训诫，同时您还用具体的例子让他们信服。

……在一个人年轻的时候，他的全部想象都受到经历的限制，他甚至愿意牺牲一切，只是为了片刻虚无的光荣。

就像布瓦洛，二十岁的时候，他很仰慕沃尔图尔；而到了三十岁的时候，他便意识到欧梅尔的话更有道理。当我第一次带兵打仗的时候，我总希望一鼓作气消灭敌人，哪里敌人多就打到哪里；但是经过这些年发生的这许多事情，我逐渐意识到，战争并不是这样的。所以到了 1744 年的时候，我懂得了带兵的策略，懂得了什么是上兵伐谋。

战争的真正艺术是能够预料战场上将会发生什么事。尽管局势瞬息万变，正确的预测和熟练的策略却往往可以让一支军队置之死地而后生。"

上面的好多段落，我都是在引述旁人的文字。下面，我还将引述萨克森大元帅写给弗里德里希信中的几个片段。信中的表述颇是有趣，赞扬了法国军队表现出来的无畏精神和非凡智慧：

“法国士兵就像恺撒时期的勇士，他们的一举一动无不体现了恺撒精神的特点：他们勇猛非常，却往往不能持久。他们可以在一个位置上浴血奋战直到失去生命，可是若是有人让他们一直做同样的事情，他们一准儿会不耐烦。

因此，要统率这样一支军队，指挥官需要有非凡的洞察力，以及做出最好的排兵布阵的策略。

指挥官需要了解每一个士兵的长处和不足，这不仅是为了营造良好的上下级关系，也是为了让士兵们在战争中发挥全力。”

我之前讲到，萨克森大元帅无论从哪一点看都算不上是一个朝臣。作为国王的儿子，他的一生都以一个国王的要求来约束自己，归根结底，他是个对自己的骄傲十分自负的人。然而，他也并非是一个轻率的冒险家。冒险家往往把成为万人景仰的将军成为自己人生的终极目标，而他的目光看得却比这更为长远。从1734年他给诺伊伯爵写的信中我们可以看到，他心里对法兰西国王的种种期许：

“不管事实什么样，我总觉得自己是被迫在众人面前吹嘘自己。在宫廷里，既没有我的双亲，也没有我的朋友，我唯一拥有的谦虚品格也在各种傻话中渐渐离我而去……

作为军营的统帅，我为国王效力已经有十四个年头。如今我已年近四十，已经没有心思强迫自己去适应宫廷的种种规矩、在争权夺利中渐渐变老。换句话说，我从来没有忘记我的出身所赋予我的，对于这个国家的使命，这也是我毕生兴趣所在，而非为了虚名。如果您像我一样，身上背负着‘外国人’的头衔，您就能充分理解到我的难处，知道我为了办成一件事所付出的代价。那样的话，我想，您也会帮我说服国王做出正确的决定。”

我们再来看看，萨克森大元帅当时到底处在一个什么样的位置。亨利·马丁在他的历史书中写道：

“对于这个国家来说，依靠一个外国人赢得战事的胜利，并不是件值得吹嘘的事。更何况，这个外国人、私生子萨克森，他曾经还是外国的一个领主。出现这种情况的原因是法国本土人才的缺失，贵族们缺乏知识，没有卓越的思想。”

历史学家们记述了关于萨克森大将军的一些战役，包括战役中意味深长的细节，随后，他们把目光投向了萨克森大元帅的私人生活。例如在一本名叫《从路易十四去世到十八世纪中叶法国习俗和思想研究》的书中，我们看到：

“……因为对丑恶现实的失望和无力，理查森写下了他著名的小说。在小说中，我们可以看到社会的黑暗，以及黑暗现实之后人们的悲惨境遇。女人被引诱，在美德和羞耻中挣扎，而诱惑她们的人化身为从地狱走出的英雄，逢场作戏也披上了爱情的外衣。政治人物中不乏黎世留这样的人物，他们玩弄权术，策划阴谋，从中得到他们想要的东西。而萨克森的莫里斯似乎有一点小小的不同，他不冷血，他厌恶丑恶的东西，他就像是古代高尚的传奇英雄，却不幸堕入我们这‘文明’的世界里。你可以说他惹人憎恨，也可以说他受人敬仰，可他只是随着心中的激情做着自己认为应该做的事。”

“……伏尔泰从不认为世界人口会减少，同样，孟德斯鸠和其他的先贤也持有相同的观点。他认为，在这个世界上，人的数量是不增不减的。关于这个问题，萨克森大元帅也曾饶有兴趣地研究过，他把自己的想法写在了《沉思》这本书中。他觉得未来人口可能会减少，为了解决这个问题，他提议说，要是一个男人和一个女人结婚五年还没有孩子，他就需要跟另一个女人结婚，以孕育后代。这个提议的目的就是为了繁殖，可听上去总是让人觉得怪怪的。要是有人告诉他，尽管有战争和革命，欧洲人口还是增加了一倍（在有些国家甚至是两倍），他一定会非常吃惊。”

在亨利·马丁所写的《路易十五下的法国》第四卷中，作者概述了萨克森大元帅的一生：

“1750 年 11 月 30 日，萨克森大元帅去世。他的脑子里充满了各式各样改革的想法和计划，对我们的军队有着重要的借鉴意义。从他写给军事部长的一封信中，我们可以看得出，他已经预见到，一个军事实力衰弱的国家，在其他方面也会陷入无序与混乱。”

“他似乎找到了解决军力衰弱的方法，这个解决方法甚至被弗里德里希二世接受，可他却并没有能将其运用到法国军队中。”

“在他写给阿让松伯爵的信中，萨克森大元帅声称，法国军队不应该参与过多的战事，而应该集中兵力打该打之仗。这句话在日后看来，似乎是一语成谶……他关于战争的著作——《沉思》一书，以及他的各种论述都是值得后人反复研究学习的。他主张改善军队设施，提高士兵卫生条件，使他们的生活更加舒适。同时，骑兵队应配备盔甲和长矛，步兵队装备也要仿效普鲁士人，装配上刺刀。他还认为国家应建立一所军校，军队储备和防御工作一刻都不能松懈。以此做到对战事的快速反应，巩固战壕营地，阻止敌人的船只进攻……在战士的健康和安全方面，他也十分注意。并认为过去的军队在防御方面做的远远不够。由此我们可以看出，虽然他在战场上打打杀杀，他的心里还是有着人道主义的关怀。以前打仗的传统是，如果一个城市可能成为敌人的目标，我方就要将这座城市的四周烧光，以免让敌人有机可乘，而萨克森大元帅废除了这项惯例。除了在《回忆录》中对人口的探讨外，他还有许多非常有教益的思考。例如，现在的国际形势是什么样的？为什么这个世界上有许多富有、游手好闲、骄奢淫逸的人？为什么他们的快乐要建立在大多数人的痛苦之上？难道这许许多多压迫者和被压迫者的集合就叫做社会？如果这样的话，这社会便是世间最龌龊、最令人蔑视的存在……这些有深刻哲理的句子并非出自孟德斯鸠或是卢梭之口，而是出自萨克森大元帅的著作《沉思》。”

“萨克森大元帅和他那个时代杰出的军事统帅们逐渐离开了人世，可他们的思想和精神却在法国军队中延续下去。”

历史向我们还原了一个真实的萨克森大元帅，这份历史的真实是值得人尊敬的。有很多人批评和污蔑他，可我的祖母却让我从小就知道，萨克森大元帅是一个诚实而有天赋的爱国主义者，他有着内心深处的道德操守和无与伦比的美德。

我也可以毫不避讳地说，这个英雄并不完美，他在私生活上的随意是他人生中一个不光彩的地方。可是，他仍然有着美丽而崇高的灵魂，以及高尚慷慨的品格。换句话说，这个英雄人物有着光荣的功业，同时也有私生活上的小小污点。

在他那个时代的历史学家说过这样一句话：“如果有人认为他的私生活惹人非议，那么我可以告诉他们，他放荡生活的始作俑者可能根本不是他自己，恰恰相反，是那些蜂拥而至的女人们。”——这不是没有可能。法瓦尔夫人就是他私生活的一个最大污点，对于这污点，格里姆在他的《通信集》中写道，恐怕只有上帝会宽恕他。

格里姆在他的著作中痛斥了萨克森种种“罪行”，并且认为，任何想给萨克森洗脱罪名的行为都跟这些罪行一样让人痛恨。他的这些想法也代表了他们那个时代的风俗。

萨克森大元帅发自内心的爱他的士兵，可他却不能接受宫廷那些爱搬弄是非的人，他和某个领主之间的对话真切地反映了这一点。当时那位领主向他建议攻打一个地方，并且对他说：“最多只要牺牲十二个人，这个地方保准就能攻下。”可我们的元帅却回答道：“不可以。要是说牺牲的是十二个领主的性命，我倒是可以考虑一下，士兵的不可以。”说完他就转身走了。

晚年的时候，他很平静地迎接死亡的降临，没有丝毫恐惧。他对医生说：“人生就像一个梦，我这个梦虽然比别人的短了一些，可是已经足够精彩。”

这句话似乎准确地概括了这位世纪英雄的一生。

萨克森大元帅心里头还藏着很大的抱负，他希望自己有一天能成为一片土地的统治者。可是在那个时代，这是很难成为现实的。人们往往指责他痴心妄想，只有他的朋友们懂得他的理想，为他辩护。若是把他放到五十年后，他就会有能够实现梦想的契机，只要那个时候法国人没有将皇室的人送上断头台的话。[①] 萨克森大元帅心中理想到底是什么样的呢，我们或许可以参照拿破仑建立的功业，便可略知一二。

我们知道，萨克森大元帅一开始希望在达巴贡建立王国，后来是科西嘉。到了最后，他甚至希望成为犹太人的领袖。最终，他没有实现建立王国的理想，却给法兰西创造了一个更好的明天。

---

① 法国大革命，国王路易十六和王后被送上了断头台。

第七章

忠告

当我们在回忆和记录关于过去事情的时候，不可避免地会产生一些反思，有时候会将过去和现在作比较。 而在我们写下文字之时的“现在”，对于未来读到这个句子的人来说却是“过去”。而写作的人常常也会对未来做出预测，在以后的日子里，他的预测可能成真，也有可能和事实完全相悖。 对于在写作这本自传时脑袋里出现的思考和想法，我并不打算隐去不提，我相信这些思想是我的故事中不可缺少的一部分，也同样是看到这本书的人所思所想的一部分。 所以你们在读这本书的时候，很可能会看到我对某些问题的主观看法。

在下面的章节，我会继续讲一讲关于我父亲的故事，正因为有了他，才使“我毕生的故事”成为可能。其实我与父亲相处时间并不多，在我的印象中，他一直是个闪闪发光让人膜拜的英雄。他是个艺术家，也是个军事天才，他的思想铸造了我的灵魂，他给了我和他一样的面孔，也让我继承了他所有的特质。我的存在仿佛是他的一个缩影，尽管这缩影或许远远不如本人生动鲜活，因为我所处的环境让我跟他有许多不同。所有的光荣都是他给予我的，而所有的错误都只归于我自身的局限。我所处的时代跟他的完全不同，若我是个男孩，若我生在二十五年前，或许我也能成为一个像他一样伟大的人。

大约是在 1997 年或者是 1998 年的时候，我的祖母为他儿子的未来有过许多规划，这规划又是什么样的呢？在我看来，就像所有上层阶级儿子的母亲一样，我的祖母也为他的儿子设想了一条光荣而伟大的人生道路。在路易十五当政时期，法国社会阴谋重重，我父亲有两个选择，要么在军营里拼出一番事业，要么就是在壁炉旁平静地度过一生。毫无疑问，我父亲选了第一个。从我祖母那边来说，她对革命的热情从未消退。我找到了 1997 年她写给赫克尔先生的一封信，内容如下：

杜邦夫人写给赫克尔先生：

“您不喜欢伏尔泰和他那一派的哲学家，您还觉得他们是如今社会混乱的罪魁祸首。然而，所有震动世界的革命的根源不都是这些哲学家最大胆的思想吗？野心、报复、对征战的恐惧、宗教压迫的教条才是专制倒塌的原因，而非对自由的热爱或是对理性的追寻。若是路易十四在位，思想的火花无限繁荣，却不一定会引发混乱；若是亨利四世临朝，革命的酝酿也不会造成社会的灾难。归根到底，现在社会动荡的原因是帝国的衰弱和无能。路易十六狂热的相信宗教，却没有一丝正直的品格，他对上帝虔诚的信仰并不能拯救他的大臣，也不能拯救他的国家，更救不了他自己。不要总是把社会的弊病与帝国的衰落归罪到新思想身上，因为我们可以说：'统治者没有治理好国家，所以他已经被人民抛弃，而想要帮助这个国家的人会被历史铭记。'也不要把不信教和哲学混为一谈，无神论会加重老百姓心里的恐惧，因为人们在面对未知事物的时候总会心怀畏惧，这也就是十六世纪法国天主教联盟为什么能恐吓无知的民众一样。而哲学家却是无辜的。"

我父亲一直梦想着加入军队，在他流亡的时候，就利用漫长而孤独的时光，在帕西的小屋里研究各种战役。对于这一爱好，他的母亲给予了他可能的支持与帮助。不过，后来他发现战局和他想象的很不一样，他有些无所适从，转而投入到其他领域去。他摇身一变成了一名艺术家，一边谱曲一边担任歌剧和交响乐的指挥。不过我们也可以看到，即使他转向了艺术领域，他心底对于军事的热情不仅没有消退，反而与日俱增。有时候他甚至会觉得，拉小提琴时手中的琴弓似乎换成刀更恰当些。

1798 年，父亲的一生出现了一个转折。这转折看似轻描淡写，实际上却是影响深远。就像所有青年人生命中的每一个选择一样，我们甚至不知道这意味着什么，可每一个选择都会决定我们的人生。

这个转折跟夏特尔的一个城市有关，尽管有人对这个城市颇多诟病，可丝毫不影响它孕育法兰西历史上众多的思想家和有智慧的人。在这个城市的所有人口中，无论是资产阶级还是无产阶级，都出现了许许多多的杰出人物。这里的资产阶级生活惬意，却也不见得富可敌国，所以他们并不会和傲慢的贵族斗争，也很少去压榨贫困的无产者。他们就这样舒适地生活，更多地关注思想层面。

夏特尔这座城市历史悠久，坐落于土地富饶的山谷地带，从高地边缘望去，四周的景色尽收眼底。沿着沙特鲁小路一直走，会经过许多茅屋，下坡以后是长长的河堤。河堤两边种植着白杨，附近有一片葡萄地，左右两旁尽是广阔的牧场。从这里，我们可以俯瞰整个城市。城市掩映在一片蓊郁的绿色之中，最显眼的建筑是一座高高的塔楼。这座年代久远的塔楼以前是一位领主的城堡，现在被改造成了监狱。

走过安德尔那座年代久远的老石桥，映入眼帘的是由几所破旧的老房子所组成的村落。村头的柳树三三两两抽着枝条，处处是美好得可以如入画的风景。

不过，在为你们详细描述这座城市之前，请允许我说几句离题的话。

我亲爱的市民们，你们为什么那么不爱干净呢？我想在这里对这座城市的人民表示严肃的批评，也希望市民们能够改正他们的小毛病。你们生活在一个最美丽、最纯净的环境中，努瓦尔河谷孕育了这片富饶的沃土。这里本该是一片洁净的土地，可是你们却把它变成了一座垃圾场，每时每刻都散发着腐烂的恶臭气息，外来的人似乎都不知道把脚放在哪里。在这个大垃圾场的四周，却是风景如画、散发着草木与泥土芬芳的田野；在这些肮脏的屋顶之上，是一整片纯净而自由的天空。或许像里昂或者马赛那样的大城市很难保持清洁，可夏特尔却并非什么大城市，只是由散落在绿洲上的几座房子组成的小镇罢了！在这里，不光气味难闻，连人的眼光也被局限了，内化成一种小市民的狭隘和固步自封。

干净是贫穷的尊严。因为它向世人证明，贫穷的人即使没有金钱，却仍然比好吃懒做的土豪们更有资格拥有美好的东西。所谓笑脏不笑贫，贫穷而不气馁的人是值得我们尊敬的，而放任自流的肮脏与懒惰则应该收获我们的不屑与蔑视。

除了这令人厌恶的肮脏外，夏特尔还算是个宜居的城市。它有着美丽的街道——皇家大街，其实这也是法国最丑的一条街，因为它几乎全无特色。不过这个街区的风景倒是很怡人，保存了几座文艺复兴时期的房子，风格优雅、色彩鲜丽。城市是建在一定的坡度上，沿着坡上去，随后会到达一座监狱。街道并不宽敞，依着山体蜿蜒而建，两边的墙上长满青苔，檐头时常有白鸽停驻。当我们走出这座城市，沿着多沙的小路向前，我们会在沿途看见最美的风光。溪涧交错，河水蜿蜒，转过身去便是一幅美景。

我批评夏特尔的肮脏，归根到底还是因为我爱这座城市。我爱它，是因为这是我父亲成长的地方，也因为这是我从小最熟悉的地方。

1798 年，我父亲和三十多个年轻男女一同排演了一出戏剧。我个人认为，这种日常的娱乐也是一次很好的学习机会，对青少年的成长很有教益。他们在排剧的过程中，在无关紧要的细节上浪费了很多时间，这是演戏人的过失，而非艺术的不足。要我说，戏剧是各种艺术的综合，它不仅是民众空闲时打发时间的消遣，更是对浮躁灵魂的洗礼，是对人类所有感官的调动与激发。

在那个时代的夏特尔，艺术便扮演了这样教化的角色。我父亲的戏剧获得了很大的成功，让我父亲发现，原来他在即兴表演上也有一定的天赋。于是，他的心底萌发了将《土匪头子罗伯特》搬上舞台的想法。

这出戏起源于德国，1792年的时候第一次在巴黎演出。在剧中，展现了雅各宾派执政党形象，剧里的罗伯特象征了山地派的领袖。接下来，我会结合时代背景给你们讲一讲这部剧在当时的意义。

《土匪头子罗伯特》有着深刻的内涵，是一部宏大的著作，字里行间充满了青年的激情（据说这个作品是一个二十多岁的年轻人写的）。然而，它想要表达的却不仅仅是一种嘈杂的狂热，而有着更深层的意思。请您允许我一一道来。

一个老人，他已经很老了，身体也变得虚弱。他有两个儿子，生性热情而充满活力，同样也有着不可估量的破坏力。这让人们常常疑惑，性格宽厚甚至有几分幼稚的老人怎么会有两个和他的性子截然不同的儿子，或许他们的童年深受母亲的影响。

查理是摩尔伯爵两个孩子中的哥哥，他像雄狮一样慷慨而勇敢，而他的弟弟弗朗索瓦却比狼更怯懦而狡诈。哥哥有着正面的力量，而弟弟却总把他的力量用到邪恶的地方去。两个人都不缺乏智慧，却都没有继承到父亲的宽厚与仁慈。

查理因为弟弟的污蔑而误入歧途，他感到前路没有希望，却不愿意接受朋友的帮助。陷入混乱困境的他希望得到父亲的原谅。在他心底，父亲是唯一让他深深尊敬的人。他写信给他的父亲，向他忏悔，祈求他的原谅。他一边焦急地等待着父亲的回信，一边回忆着年少的往事，整个故事便是从这里开始。

查理希望重新回到正途，他能够得偿所愿吗？罪恶会像鸟儿掠过水面一般从他的灵魂中消失吗？父亲老摩尔带来了他的回答，借由弗朗索瓦的口，父亲告诉儿子，他的错误不可原谅。弗朗索瓦扣留了查理写给父亲的信，却告诉父亲，哥哥犯下了不可饶恕的罪恶，甚至会连累整个家族的声誉。

查理心头所有对于父亲和这个世界的爱统统转化成仇恨，变成了绝望，变成了他口中最恶毒的诅咒。他想要复仇，向所有的上等人复仇，向所有的压迫者复仇。他敌视这个社会，因为是这个社会把他永远地钉在耻辱柱上。他与亡命之徒为伍，这群不被社会接受的人聚集到一起，立下了恶毒的誓言。

他们要把心头的怒火、复仇的烈焰带往何处呢？其中的一个人提议进行抢劫，因为这个社会已经腐败溃烂；另一个人说，可以先绑架后勒索。查理同意了他们的想法，这让他觉得自己有了惩恶扬善的能力，化身成正义的使者。

查理性格的转变表现了受过良好教育的年轻人因为社会的冷漠对待而最终走向毁灭的故事，表现了十八世纪末社会转型期人性的冲突。旧的秩序遭到冲击，新的信仰尚未建立。年轻人狂热地追寻自由和改革，却不知真理在何方。这或许就是我们这个时代的最大特征。